Buch

Wir leben in einer modernen Zeit, in der sich viele Menschen von der Religion, welcher Färbung auch immer, abwenden. In ihr jedoch war eine Vielzahl von Trost spendenden und Halt gebenden Ritualen eingebunden, die wir in unserer neuen Freiheit nun schmerzlich vermissen. Sandra zeigt uns, daß Rituale nicht an einen einzigen Glauben oder eine bestimmte Kultur gebunden sein müssen, und macht deutlich, welche Bereicherung sie in unserem Leben darstellen. Rituale – seien es solche zur Stärkung der Gesundheit, zur Begegnung mit den kosmischen Kräften oder zur Unterstützung einer neuen Liebe – machen auch Alltagsgeschehnisse zu kleinen Festen. In diesem Buch findet sich eine Fülle von Ritualen zu alltäglichen wie zu ungewöhnlichen Anlässen, beschrieben in einer Sprache, die das Lesen zum Genuß und die praktische Umsetzung zum Kinderspiel macht.

Autorin

Sandra, geboren 1940 in Prag unter dem Sternzeichen Zwillinge (Aszendent Zwillinge), entstammt einem alten Adelsgeschlecht. Nach ihrer Tanzausbildung am Konservatorium und dem Besuch der Akademie der Schönen Künste war sie als Schauspielerin, Tänzerin, Autorin und Dolmetscherin tätig. Nach einigen Jahren in Westafrika floh sie nach dem Scheitern des »Prager Frühlings« in die Bundesrepublik. Sandra, die auch Mutter drei erwachsener Kinder ist, lebt und arbeitet als Hexe in München.
Die Aufzeichnungen besorgte wie beim ersten Buch der Autor und Journalist Stefan Esser, der Sandra seit Jahren freundschaftlich verbunden ist.

Im Goldmann Verlag ist außerdem erschienen:

Ich, die Hexe (12134)

SANDRA
Hexenrituale
Meine magischen Rezepte für Liebe, Glück und Gesundheit

Aufgezeichnet von Stefan Esser

GOLDMANN VERLAG

Originalausgabe

Umwelthinweis:
Alle bedruckten Materialien dieses
Taschenbuches sind chlorfrei und umweltfreundlich.
Das Papier enthält bereits Recycling-Anteile.

Der Goldmann Verlag
ist ein Unternehmen der Verlagsgruppe Bertelsmann

© 1992 Wilhelm Goldmann Verlag, Müchen
Umschlaggestaltung: Design Team München
Umschlagfoto: Pressefoto Strub, München
Satz: Uhl + Massopust, Aalen
Druck: Presse-Druck Augsburg
Verlagsnummer: 12193
Lektorat: Brigitte Leierseder-Riebe
Ba · Herstellung: Ludwig Weidenbeck/sc
Made in Germany
ISBN 3-442-12193-0

10 9 8 7 6 5 4 3

Inhalt

Vorwort von Stefan Esser   7

Teil I
Das Spannungsfeld: alte Rituale in moderner Zeit

1. Unsere spirituellen Antennen neu ausrichten   13
2. Mehr Lebenskraft durch Rituale   19
3. Basis des Energietransfers: die Intuition   24
4. Bedeutung der Rituale im Alltag   30
5. Der Weg aller Rituale: synchroner Anschluß an die Transzendenz   35
6. Zwei und Vier – magische Zahlen im Ritual   41
7. Das rituelle 10-Punkte-Programm   49

Teil II
Meine sechs fundamentalen Rituale

8. Der Kosmos facht unsere Lebensglut an   59
9. Die Vorbereitungen   64
10. Liebeszauber in Indigoblau: Venus-Ritual   71
11. Zwiesprache mit der Großen Mutter: Diana-Ritual   79
12. Räucherung in Sachen Erfolg: Merkur-Ritual   83
13. Bitte nur in wirklicher Geldnot: Jupiter-Ritual   86
14. Kontakt zum Kämpfer: Mars-Ritual   88
15. Dank an unsere Energiequelle: Sonnen-Ritual   92
16. Ritual und Astrologie   97
17. Kosmische Rituale auf einen Blick   101

Teil III
Red-Power-Rituale: der Weg der Indianer

18	Mein Freund, der Medizinmann von Hollywood	109
19	Visionen: Hilfe vom *Großen Geist*	117
20	»Jeder kann Indianer-Rituale zelebrieren«	120
21	Das Vier-Winde-Ritual	127

Teil IV
Die schöne Vielfalt kleiner Riten

22	Sensibilität spielerisch üben	135
23	Steine: vor allem für die Gesundheit	138
24	Glückliche Stimmungen mit Düften	145
25	Das meditative Kerzenmagie-Ritual	150
26	Naturrhythmen nutzen: Jahreszeiten-Rituale	151
27	Sechzehn magische Alltagsrituale	155
28	Liebesrituale: besondere Energieströme	161
29	Liebesrituale mit Puppen	166

Teil V
Das Bündnis mit den universalen Kräften

30	Annäherung auf spielerische Weise	173
31	Geistiges Bewußtsein fließen lassen	176

Vorwort

Welche Kräfte bestimmen unser Leben? Was führt zu mehr Lebensglück? Wie wirken magische Kräfte? Liegen diese im Kosmos draußen; gibt es dort ein Leben? Niemand muß befürchten, er sei mit diesen Fragen allein. Sie beschäftigen uns alle, ob wir es zugeben können oder nicht.

Fieberhaft arbeiten auch Wissenschaftler daran. Sie geben sich nach außen stets sehr sachlich; schicken aber schon seit vielen Jahren Botschaften ins angeblich tote All. Bereits 1974 sandten amerikanische Militärs vom größten feststehenden Radioteleskop der Welt in Arecibo auf Puerto Rico über eine 306 Meter große Antennenschüssel eine Botschaft in Richtung Messier 13. Das ist ein Sternenhaufen, der 24 000 Lichtjahre von uns entfernt ist – vierundzwanzigmal neuneinhalb Billionen Kilometer. Zwei Jahre vorher starteten die Raumsonden Pionier 10 und 11 ins Universum, versehen mit vergoldeten Aluplatten, auf denen als Nachricht die Zeichnungen eines nackten Paares, des Wasserstoffsymbols und des Symbols für Strahlungsquellen im All eingeritzt waren. 1977 führten Voyager-Raumsonden Bild-Ton-Platten mit sich, auf denen Musik von Bach, Lieder eines Pygmäen-Mädchens aus Zaire und Botschaften in mehreren Sprachen zu hören waren, auch in Deutsch: »Herzliche Grüße an alle.«

Die Erkenntnis, daß Leben mehr ist, als sich unsere bisherige Schul- und Universitätsweisheit träumen läßt, greift erfreulicherweise immer mehr um sich. Jeder geht den brennenden Fragen auf seine Art nach. Die Wissenschaft tut es auf ihre Weise mit neuen, bahnbrechenden Erkenntnissen: Sie stellt in der Biologie geheimnisvolle energetische Verbindungen zwischen Lebewesen fest; in der Physik wies sie mittlerweile nach, daß Energie nie verlorengeht, und die Astronomen wissen heute angesichts der Tatsache, daß das 15 Milliarden Jahre alte Weltall heute eine absolut unvorstellbare Größe hat, das von unermeßlich vielen Energiestrahlungen durchsetzt ist, am Anfang jedoch nur ein winziges atomares Pünktchen war. Es geht hier um Bereiche, die mit menschlicher Logik einfach nicht mehr faßbar sind.

Schon immer gab es Menschen, die sich dessen bewußt waren. Sie brauchten dazu keine wissenschaftlichen Forschungen; sie wollten nicht auf endgültige Beweise für die Kräfte außerhalb unserer konkreten Welt warten, sondern schlugen andere Wege ein, um dieses nicht Faßbare doch ein wenig zu erkennen. Über die Magie fanden sie das Fenster zu den Energien der riesengroßen, für uns unsichtbaren »anderen« Welt. Und sie stellten fest, daß diese Welt die unsere lenkt und mit ihr eng verwoben ist. Sie fanden auch heraus, daß man über verschiedene Praktiken zwischen unserer winzigen Welt und der da draußen Kontakt aufnehmen kann und diese uns sogar nützlich sein kann in der Bewältigung unserer ganz alltäglichen Lebensfragen.

Die Hexe Sandra stellt in diesem Buch, das wir zusammen aufgezeichnet haben, Rituale vor, mit denen dieser Weg beschritten werden kann. Sie versucht dabei nicht, Zweifler zu überzeugen, das sieht sie nicht als ihre Aufgabe; aber sie erklärt dennoch sehr genau, wie und warum diese Hexenrituale »funktionieren« – weil dieses Verständnis für die praktische Arbeit wichtig ist. Der Anlaß für das Buch waren Abertausende Anrufe und Briefe an Sandra, in denen deutlich wurde, wie viele Menschen sich der Kraft des magischen Weges bewußt sind, und die mehr über die rituelle Arbeit dieser modernen, weißmagischen Hexe wissen wollten, um damit stärker an der Entwicklung der eigenen Persönlichkeit arbeiten zu können.

Die manchmal geäußerte Befürchtung, eine auf das eigene Lebensglück bezogene Beschäftigung mit esoterischen Themen führe nur zu einem introvertierten Egoismus, teile ich nicht.

Auch hier hat die alte Weisheit, nach der alles mit allem zusammenhängt, Gültigkeit. Wer sich selbst nicht glücklich fühlt, wird Probleme haben, anderen Menschen ganz selbstbewußt Liebe zu schenken. Wer jedoch mit großer Kraft und Engagement andere Menschen lieben kann, wird mit derselben Kraft liebevoll mit der Natur umgehen und an ihrer Erhaltung arbeiten.

Und das ist sicher eine unserer wichtigsten Aufgaben. In seinem Umweltbericht 1991 resümierte der 1968 als Zusammenschluß von Wissenschaftlern und Industriellen gegründete Club of Rome: »Der Druck der Tatsachen ist so groß, daß wir uns entweder verändern müssen oder von der Erde verschwinden müssen... Wir sind reich an Wissen, aber arm an Weisheit, und wir suchen nach dem Schlüssel zum Überleben.« Das sind sehr kluge und sehr drastische Worte. Weil alles mit allem zusammenhängt, haben wir derzeit auf allen Ebenen, von den globalen Umweltthemen bis hin zu psychosozialen Problemen einzelner Menschen, trotz aller moderner Errungenschaften zahlreiche Probleme. Der Schlüssel, sie zu lösen, liegt tatsächlich in der Veränderung unseres Denkens. Nur mit Sachwissen geraten wir in Sackgassen.

Weisheit aber hat mit Intuition zu tun. Diese haben in der Zeit des logisch-digitalen Denkens viele von uns weitgehend verloren; sie haben diesen sensiblen Lebenskompaß verlegt, der uns Menschen hilft, die richtige Richtung zu finden, die Welt und auch die eigene Persönlichkeit in einer gesunden Balance zu halten.

In diesem Sinn ist dieses Buch für jeden einzelnen ein Weg, diesen Lebenskompaß wieder zu entdecken, sich der Energien, auf welche dieser natürliche Kompaß reagiert, bewußter zu werden und mit ihnen zu arbeiten.

Stefan Esser

Teil I

Das Spannungsfeld:
alte Rituale in moderner
Zeit

1 Unsere spirituellen Antennen neu ausrichten

Ich spreche in diesem Buch über meine Hexenrituale, ihre Funktionsweisen, ihre geistig-energetischen Hintergründe und die großartigen Möglichkeiten, mit dem Wissen über sie umzugehen. Damit Sie den größten Nutzen für Ihr Leben daraus ziehen können, möchte ich, daß zwischen uns beiden von Anfang an eine besondere Beziehung herrscht: eine sehr persönliche und eine sehr offene. Alles, was Sie erreichen wollen, werden Sie schneller erreichen, wenn Sie sich selbst – und in Ihrer geistigen Kommunikation auch mir – gegenüber so weit wie möglich öffnen. Ich wünsche mir, daß wir uns gleich hier darauf einigen, zumindest im Umgang zwischen uns beiden alle Masken einfach fallen zu lassen. Wir beide – das bin ich, Sandra, die Hexe, die auf Sie, die Leserin, den Leser, zukommt. Zwischen jedem einzelnen von Ihnen und mir entsteht durch diese Offenheit und das klare, gemeinsame Interesse ein ganz persönliches und sehr starkes Energiefeld. Wenn dieses bei vielen von uns in ähnlicher Weise dynamisch und positiv schwingt, wird daraus eine gemeinsame Kraft, die wiederum jedem von uns nützt. Wie diese Energien fließen, werde ich noch in diesem ersten Buchteil genau erklären.

Vorurteilsfreie, offene Bereitschaft, das ist schon eine sehr gute Voraussetzung für das, was wir in diesem Buch tun wollen: Die Kraft für mächtige Hexenrituale zu finden und sie auf den richtigen Weg zu schicken, um unser Leben aktiv in positivere Bahnen zu lenken. Wenn Sie mit Offenheit und Konzentration an das Thema herangehen, werden Sie diese Kraft schon während des Lesens fühlen. Und sie wird, wenn Sie kleine Rituale praktizieren, viel auslösen und Dinge in Bewegung bringen.

Die Leserinnen und Leser meines ersten Buches* wissen schon einiges vom Prinzip dieser Kräfte. Weil sie sie spürten, kamen erstaunliche Dinge in Bewegung: Etwa jeder zweite Buchkäufer schrieb mir einen Brief. Das sind Schreiben, manche über Dutzende Seiten lang, aus denen ich so viel Ehrlichkeit und Bereitschaft und Sehnsucht nach einem besseren Umgang mit sich selbst und der Welt herausfühle, wie ich es nicht zu hoffen gewagt hätte. Wegen der Masse dieser Abertausenden von Briefen bin ich immer noch mit Antwortschreiben beschäftigt; viele Freunde muß ich mit Kurzbriefen erst einmal vertrösten, weil ich es einfach rein quantitativ nicht mehr schaffe. Aber ich habe jeden einzelnen dieser Briefe genau gelesen, und es war und ist für mich ein wichtiger Prozeß, intensiv zu erfahren, daß so viele Menschen an meinem Hexenweg interessiert sind.

Es gab mehrere wichtige Gründe für mich, dieses zweite Buch anzugehen. Vor allem war es dieses energievolle Echo seitens meiner Leser und meiner Klienten, das mir neue Energien schenkte. Zudem stand ich tatsächlich vor dem sachlichen Problem, daß viele Freunde besonders zum Thema Ritual Genaueres wissen wollten, aber eben nicht alle zu einem persönlichen Besuch zu mir nach München kommen können. Von meiner Seite aus versuche ich nach Kräften, soviel Termine wie möglich in meinem Zeitplan unterzubringen. Aber alle meine Klienten wissen, daß ich niemals von meinem Prinzip, intensiv zu beraten, abgehen werde. Daraus entsteht natürlich ein Zeitproblem. Speziell für diejenigen, die aktiv über den Weg der Hexenrituale mit den kraftvoll großen Energien arbeiten und damit ganz zielgerichtet ihr Leben in neue, schöne Bahnen lenken wollen, habe ich deshalb dieses neue Buch geschrieben. Es hat für mich den gleichen Stellenwert wie eine sehr lange, intensive Beratung über Wesen und Weg meiner Rituale.

Lassen Sie also die Beratung, die Informationen in diesem Buch für Sie noch wirksamer werden, indem Sie beim Lesen

* Vgl. dazu »Ich, die Hexe«. Goldmann Tb Nr. 12134

nicht einfach lesen, sondern indem wir miteinander mental Kontakt aufnehmen. Mir ist sehr wohl bewußt, daß an diesem Punkt manche Menschen den Kopf schütteln und sagen: Das geht doch gar nicht. Das sind die Menschen, die noch nicht an dem Punkt sind, ihre Masken fallen lassen zu können. Sie spielen noch – jeder kann das jeden Tag ändern – eine Maskerade mit, die ihnen von außen so viele Dinge vorschreibt und ihnen dabei eben auch einschärft, dieses und jenes als Unsinn abzustempeln. Was dahintersteht, ist unsere heute vor allem von intellektuellen Vorgaben beherrschte Welt, die ausschließlich akzeptiert, was gut sichtbar zu beweisen ist. Man könnte meinen, dies geschähe mit der Arroganz und dem Hochmut der sogenannten modernen Menschen, aber ich sehe das mittlerweile entspannter: Auch diese Menschen besitzen in Wahrheit tief drinnen das Wissen von großen Kräften, gegen die sie letztlich mit all ihrer technischen Ausrichtung nichts ausrichten können. Gerade aus diesem Zwiespalt entsteht eine gewisse Angst, die eben mit dem Spiel manch scheinbar arroganter Maskerade überspielt wird. Ich akzeptiere das. Nichts liegt mir ferner, als in irgendeiner Weise moralisch zu urteilen und zu werten. Darum sage ich auch in allen Diskussionen immer wieder ganz ruhig, daß ich keinerlei missionarischen Drang verspüre, andere zu überzeugen. Wer noch immer glaubt, er sei als Mensch der alleinige Beherrscher, der sich die Welt und den Kosmos untertan machen kann, der muß natürlich im Wald sehr laut und scheinbar selbstbewußt pfeifen. Weil sein Unterbewußtsein ihm sagt, daß sich die Dinge in Wirklichkeit anders verhalten. Daß er vielleicht einmal einen hohen Preis für sein hilfloses Unterfangen, den Kosmos gegen den Strich bürsten zu wollen, bezahlen muß. Aber so zu denken und zu handeln, sei jedem unbenommen; ich kann und will nicht mehr als das darstellen, das vielen zugänglicher machen, was ich in meinem Hexenweg über Jahrzehnte als wahr und wirklich erkannt habe.

Was ich persönlich als »Wahrheit« ansehe, ist also nicht eines jener vielen theoretischen Konstrukte, das Menschen als alleinseligmachend dargestellt haben. Für mich ist einfach das wahr, was *ist*. Deshalb muß ich mir nur genau dieses Ist, dieses Sein anschauen. Und weil diese Realität, dieses allesbestimmende Sein, weitere Räume umgreift als das gesellschaftliche Leben auf diesem kosmischen Staubkorn Erde, wird es nötig, sich zum Erkennen dieses Seins und der Kommunikation damit mit geeigneten Methoden zu beschäftigen. Viele Möglichkeiten sind denkbar. Das fängt an bei der jahrelangen Meditationsarbeit buddhistischer Mönche, geht über die Schamanenarbeit der Indianer bis zu meinen Hexenritualen, die nach meiner Erfahrung tatsächlich ein für jeden relativ leicht zu begehender Weg sind. Mit dem Ritual kann jeder seine *ganze* Umwelt erkennen, die weit in diesen unendlichen Kosmos reicht, mit dem wir viel enger verwoben sind, als wir bislang oftmals glaubten.

Darum ist in diesem Buch viel die Rede vom Kosmos, und der Schwerpunkt meiner Zeremonien liegt nicht von ungefähr im Bereich der Planeten-Rituale. Hier möchte ich gleich von vornherein ein öfter wiederkehrendes großes Mißverstehen klären: Immer wieder wird debattiert, ob es irgendwo im Kosmos auf irgendeinem Planeten noch Leben gibt. Diese Frage setzt die Vorstellung voraus, Leben gebe es bislang nur hier auf unserer kleinen Erde. Sonst sei alles tot – wäre das der Fall, müßten sich sicher viele Leserinnen und Leser fragen: Wie können wir über Hexenrituale aus einem toten Kosmos hilfreiche Energien verspüren? Ich werde zu dem Thema noch einiges berichten. Grundsätzlich rate ich schon hier, sich nicht weiter mit der Frage zu beschäftigen. Die Frage macht nämlich schon deshalb keinen Sinn, weil wir selbst logischerweise nur in einem in seiner Gesamtheit lebendigen Kosmos leben können. Würde das Universum nicht leben, es würde in sich zusammenstürzen, und keine uns Lebenskraft spendende Sonne stünde mehr am Himmel. Was lebt, hat Ausstrahlung, und schon unser kleiner Erdtrabant, der Mond, bringt bekanntlich jeden Monat Hunde zum Heulen, kleine Einzeller zu höchster Aktivität und viele Menschen zum Schlafwandeln.

Wer sich ganz unbefangen und voller Erwartungsfreude diesen großen Dimensionen öffnet, hat die Tür für neue Erfahrungen schon aufgestoßen. Die Tür zu einem Weg, der allmählich vom reinen Wissen, das wir Menschen in Jahrtausenden mühseliger Kleinarbeit zusammengetragen haben – das auch ein sehr wichtiger Teil unseres Seins ist – und auf die Stufe einer Bewußtheit über die Dinge zu einem wirklichen Begreifen führt. Ähnlich wie wir beim Begreifen irgendeines Gegenstandes mit dem Tastsinn unserer Hände in einem ganzheitlichen Sinne mehr über diese Materie erfahren, verhält sich das mit dem Begreifen durch den Geist im immateriellen Bereich: Wer hier seine geistigen Tastsinne öffnet und sensibilisiert, erfährt auch mehr. Er bekommt Kontakte zu und Hilfe von einer machtvollen Energie-Ebene. Wie man diese Transzendenz nennt, ist meiner Ansicht nach unwichtig, weil es keine Vorschriften von außen geben soll. Man kann von Gott oder dem Göttlichen sprechen. Ich möchte auch keine endlosen Diskussionen darüber führen, ob Gott weiblich oder männlich ist. Für mich ist das Göttliche die universale Kraft, die alles beinhaltet. Die Schamanen der Indianer sprechen in diesem Zusammenhang sehr anschaulich vom »Great Spirit«, vom Großen Geist.

Der erste Schritt, mit Hexenritualen diese Ebenen wenigstens zu erahnen und mit ihnen in Kontakt zu treten – mit dem Ziel, an einem erfüllteren persönlichen Leben zu arbeiten –, ist die schon erwähnte Offenheit, an die Dinge heranzugehen. Wer dieses Buch liest, besitzt diese Offenheit sicher bereits in hohem Maße. Von da an ist der Weg gar nicht schwer. Was ich als Hexe mit Ritualen erreiche, ist jedem möglich. Nicht nur ich, sondern auch Sie können auf mentalem Weg für sich selbst, vor allem aber für andere einiges erreichen.

Sie sollten sich das vielleicht so vorstellen: Jeder Mensch hat von Natur aus in seinem Geist die Sende- und Empfangsstation für die mentalen Energien ebenso mitbekommen, wie er für den Umgang mit der materiellen Welt mit Augen, Ohren, Riechorgan und Tastsinnen ausgestattet wurde. Die Schwierigkeit liegt nur darin, daß wir heutzutage diese Sende- und Empfangsstation nur noch in minimalem Maße benutzen und deshalb nicht gemerkt haben, daß die zugehörige Antenne im Lauf der Zeit etwas eingerostet ist und sich auch noch völlig verstellt hat. Sicher, für die kleinen Mentalbereiche reicht es noch – einigermaßen sensible Menschen »spüren« durchaus, wie eine Situation ist oder wenn etwas in der Kommunikation mit anderen nicht stimmt. Bei manchen geht es schon weiter, sie »wissen« zum Beispiel ab und zu, daß sie jetzt gleich von diesem oder jenem Freund angerufen werden, und das passiert dann auch prompt.

Solche Vorgänge zeigen auf, was über den Weg geistiger Energien alles möglich ist. Um diese viel kraftvoller, weiter, zielgerichteter auszusenden und die entsprechenden Antworten empfangen zu können, müssen wir nur eines tun: unsere inneren Antennen entrosten und neu ausrichten. Und das kann jeder.

2 Mehr Lebenskraft durch Rituale

Wenn ich von zuviel Außenbeeinflussung gesprochen habe, welche uns vorschreibt, wie wir dies und jenes im Leben zu tun haben, taucht nun für manchen von Ihnen vielleicht die Frage auf, ob ein Ritual nicht auch solch eine Vorschrift oder Außenbeeinflussung sei.

Rituale, das werden Sie sehen, sind nur das Raster. Sie selbst müssen und können dieses mit Ihrem Geist, mit Ihren urpersönlichen Inhalten füllen. Ganz im Sinne des vorherigen Beispiels: Ich will mit Ritualen nur ermöglichen, die eigenen spirituellen Antennen zu entstauben, auszurichten und wieder in Betrieb zu nehmen. Was Sie wohin, wie oft und im Hinblick auf welches Ziel senden, und was Sie dann empfangen, das ist hingegen die wunderschöne Chance eines ganz persönlichen Weges, den jeder von Ihnen innerhalb des großen Rahmens gehen kann – so wie keine einzige der Milliarden und Billionen von Planetenbahnen sich gleicht.

Im Untertitel des Buches heißt es ganz bewußt »Rezepte« für Liebe, Glück und Gesundheit, die drei elementaren Themen im Leben. Man könnte ja auch von Wegen oder Lehren sprechen, aber ich nenne das System der Rituale lieber *Rezepte*, um zu verdeutlichen, daß ich mein Wissen nicht hoch hängen will. Für mich geht es dabei um Vorgänge, die jeder von Ihnen schnell, ohne Komplikationen selbst praktisch anwenden kann. Ich schildere hier die äußeren Rahmenbedingungen, unter denen ein optimales Gelingen bei der Ritualarbeit leicht möglich wird. Was jedoch unbedingt dazugehört – und eben dies macht das Ritual im gerade beschriebenen Sinne zur individuellen und aktiven Kraft –, ist die absolute persönliche Konzentration.

Und zwar eine Konzentration auf das Ziel des Rituals. Denn letztlich »putzt« Ihnen das Ritual nur die Kanäle frei, über die Sie Ihre mentalen Energien aussenden. Die Energie selbst muß schon von Ihnen selbst kommen. An einem einfachen Beispiel gezeigt, heißt das: Es macht wenig Sinn, wenn Sie am Freitag in den Wald gehen und nur so zum Spaß ein bißchen Venus-Räucherung machen. Rituale sind keine flotte, modische Freizeit-Beschäftigung! In diesem Fall hätten wir bestenfalls die richtige Ritual-Form, aber ohne jeglichen Inhalt. Das ist, als würde man einen frankierten Brief ohne Adressenaufschrift und mit einer unbeschriebenen Seite innendrin in den Briefkasten werfen. Bei einem Ritual – wie dem der Venus – sollten wir ein klares Ziel vor Augen haben und dieses im Ritual umsetzen (siehe dazu auch S. 50).

Die meditative Konzentration erfordert etwas Übung. Je besser wir nach und nach unsere gedanklichen Energien auf das Ziel fokussieren können, desto stärker wirkt das Ritual. Je weniger wir konzentriert sind, je weniger gut wir in diese entspannte, meditative Zielausrichtung hineinfinden, desto weniger gut »funktioniert« das Ritual. Auch deshalb paßt das Wort von den Rezepten durchaus: So wie der Hefeteig manchmal gut und dann wieder nicht hochgeht, obwohl man jedesmal nach derselben Rezeptur verfahren hat, so stellt auch das Ritual ein immer wieder neues Erlebnis dar, das um so intensiver wird, je mehr Hingabe und Feingefühl Sie hineingeben.

Darum ist die Arbeit mit Ritualen auch stark praxisorientiert. Sie müssen dieses Buch mit Ihrer Kraft – (die Sie in viel höherem Maße besitzen, als Sie wahrscheinlich momentan glauben) – zum Leben bringen: Sie sollten möglichst bald, nach der Lektüre des ersten Buchteiles, konkret an die Rituale herangehen. Entweder an ein kleines oder gleich an ein großes Planetenritual, das soll ganz nach Ihrem persönlichen Gefühl entschieden werden. Wichtig ist nur, daß Sie Ihre Erfahrungen im praktischen Tun sammeln und dann feststellen können, daß Sie sich schon nach den ersten Versuchen wesentlich besser hineinkonzentrieren können. Daß Sie Wirkungen erfahren, Antworten bekommen. Sobald Sie etwas Praxis haben – und bis dahin sollten Sie etwas Geduld aufbringen –, erfahren Sie, wie Rituale helfen, die eigene Gefühlswelt zu klären. Allmählich gelingt es Ihnen, von einer bloßen Problem-Orientierung hin zu einer klaren Ziel-*Bewußtheit* zu finden. Diese Ziel-Bewußtheit heißt auch, daß Sie nach und nach Ihre eigenen Lebens-Strukturen besser erkennen; Ihre Aufgaben, Ihre Lebensthemen. All diese Erfahrung stellen sich bei regelmäßiger Ritualarbeit von selbst ein. Selbstverständlich geht dies auch mit anderen spirituellen Methoden, beispielsweise mit Astrologie, Kartenlegen, Numerologie und einigen anderen Wegen, die ich ebenfalls in der Arbeit mit meinen Klienten anwende. Aber speziell in der aktiven Arbeit an sich selbst ist nach meiner Erfahrung das Ritual eine ganz besonders schöne und sehr wirksame Form, seinen eigenen Zielen näherzukommen.

Wie man solche persönlichen Veränderungen erfährt, welche Möglichkeiten sich peu à peu eröffnen, wenn man seine Struktur besser kennenlernt, das hat eine meiner Klientinnen neulich in einem Brief sehr schön beschrieben, den ich auszugsweise zitieren möchte:

»Liebe Sandra, nochmals ganz lieben Dank für die informativen, klugen und wie immer anregenden Stunden mit Dir – wie immer viel zu kurz für all die spannenden und packenden Themen, die anklingen und die vielen noch unausgesprochenen, an die der Geist sich schon hintastet. So eine Beratung ist doch wirklich hochinteressant; zunächst bringen wir unsere jeweilige Energie in Verbindung, einigen uns auf das Medium Karten als Zeiger, und eine Reihe anderer Energien wirkt hinein. Mir ist aufgefallen, daß unter der Vielzahl von Karten sich meine ›Auswahl‹ auf einige wenige wiederkehrende bezogen hat; ich frage mich, ob darin nicht eine spezielle Anforderung liegt, ein eigenes Thema, eine Nachricht eines Höheren Selbsts, denn kraft unseres Bewußtseins und der Ausrichtung auf die besondere Situa-

tion haben wir ein bestimmtes Kraftfeld geschaffen, so daß es keinen Zufall gibt, sondern Zufallendes: das, was ansteht, herausgenommen aus dem Zeitfluß und der Unendlichkeit des Raumes und der Möglichkeiten ... Nun gilt es für mich, jene Kräfte zu formen, die dann zur Gestaltung kommen sollen, ich muß sie mir selber kreieren – für Deine Ermutigung danke ich Dir!«

Das ist ein sehr aussagekräftiger Brief, in dem in dieser Kürze auch das komplette Wesen des Rituals beschrieben ist: ein bestimmtes Kraftfeld zu erschaffen, so daß es keinen Zufall, sondern konkret *Zufallendes* gibt – das passiert exakt auch beim Ritual. Praktisch sieht das so aus, daß wir Rituale nicht nur einmal, sondern mehrmals zelebrieren, immer mit derselben intensiven energetischen Einstellung auf das Ziel. Eine Antwort wird erfolgen; das heißt, es werden sich entweder die Lebensumstände im angesprochenen Punkt tatsächlich »wie von selbst« ändern, oder es stellen sich – ebenso scheinbar wie von selbst – ganz klare Signale ein, die uns sagen, was wir zu tun haben. Wo liegt denn nun die Eigenleistung, wenn das Ritual selbst so stark wirkt und dann die Antwort auch von selbst kommt? Die »Eigenleistung«, das Einbringen der individuellen Kraft für eine persönliche Entfaltung, wirkt am Anfang und am Ende; das Ritual ist sozusagen dazwischengeschaltet. Am Anfang geht es um die Durchführung des Rituals mit entsprechender Konzentration. Vor dem Ritual muß sich jeder von uns auch seine Gedanken darüber gemacht haben: Was will ich eigentlich? Wo liegt mein Problem? Was ist meine Zielvorstellung?

Während der Tage oder Wochen der Ritual-Durchführung sollten wir uns generell in einer ruhigen Grundschwingung auf unser Ritualthema einlassen – also bitte nicht krampfhaft-verbissen dran denken (»es muß unbedingt klappen, ich habe doch technisch alles richtig gemacht«), sondern die Sache eher locker und entspannt angehen (»das Ritual macht mir Spaß und gibt mir Ruhe. Ich freue mich schon darauf, ein Echo zu bekommen«).

Das Echo, das zurückkommt, hat ganz konkret mit Ihrer vorher erarbeiteten und mit ins Ritual eingeflossenen Vorstellung zu tun. Es kommt kein Wunder aus den Wolken über uns! Darum ist die Ritualarbeit nach meiner Überzeugung auch nicht das, was Menschen gemeinhin unter »Okkultismus« verstehen. Wir arbeiten nach dem Prinzip der Entsprechungen – wie innen, so außen, wie oben, so unten (siehe auch Kapitel 5, S. 38). Mit dem Ritual schaffen wir Kontakte, Leitungen zwischen dem Oben, dem Universalen, und dem Unten, uns Menschen. Wir schicken mit dem Ritual sozusagen eine Anfrage los, wie entsprechend der Struktur im Oben die Struktur im Unten aussehen müßte. Dies tun wir, weil uns der Blick auf die uns entsprechende Struktur oft sehr verstellt ist und wir dann falsche Bahnen einschlagen und damit Probleme bekommen. Das Echo vom Oben ist die Antwort auf die Anfrage. Sie zeigt uns die richtigen Bahnen auf und dies erfreulicherweise mit einer sehr starken und damit hilfreichen Energie: Kosmische Kräfte sind bekanntlich gewaltig! Daher ist es für jeden von Ihnen möglich, durch die Hilfe von Ritualen ein Mehr an positiver Lebenskraft zu erhalten.

3 Basis des Energietransfers: die Intuition

Auch wenn Weg und Wirkungsweise relativ gut auf logische Weise erklärt werden können, haben Rituale gar nichts mit dem Intellekt zu tun, auf den so viele stolz sind. Was nicht heißt, daß ich Intellekt ablehne. Wir Menschen brauchten und brauchen intellektuelle Fähigkeiten, die Potenz, Stück für Stück bei allen Wahrnehmungen nach logischen, rein verstandesmäßigen Prinzipien zu unterscheiden. Mühsam müssen wir uns alle Zusammenhänge erarbeiten, erst krabbelnd als Baby, spielerisch als Kleinkind, später unter steigendem Druck. Es gehört zu unserer Aufgabe, dabei mit Hilfe unseres Verstandes in einem Leben von nur einigen Dutzend Jahren möglichst weit zu kommen. Was für den einzelnen gilt, trifft auch auf die Gesamtheit zu: Auch die Menschheit ist weit gekommen; sie hat mit dem Intellekt viele Erfindungen gemacht und wichtige Probleme gelöst. Allerdings weiß jeder von uns – besonders heute, angesichts erschütternder globaler Umwelt-Bedrohungen –, daß der Mensch mit seinem Intellekt ebensoviel zerstört hat, daß er neue Probleme geschaffen oder alte nur noch vergrößert hat.

Manche gehen als Reaktion darauf ins Extrem. Sie machen den Fehler, die Kraft des logischen Verstandes ganz abzulehnen. Wir haben aber nicht deshalb so viele Probleme auf der Welt, global bis hinein in den ganz privaten Bereich, weil wir *mit* dem Intellekt arbeiten, sondern weil unsere Gesellschaften *nur* nach den Prinzipien des Intellekts arbeiten. Ich muß hier an den schon etwas abgenutzten Begriff vom ganzheitlichen Denken erinnern: Der klügste Kopf kann ohne Körper nicht gehen, und die kräftigsten Beine wissen nicht, was tun, wenn nicht der Kopf drüber mithilft. Also kann der Verstand allein unmöglich in die richtige

Richtung führen. Er ist eben nur ein Mittel, aus unserer eingeschränkten Sicht heraus die Welt nach und nach zu erkunden. Wenn der Verstand das auf eigene Faust tut, hält er natürlich seinen momentanen Erkenntnisstand jeweils für das Nonplusultra, er hat keine anderen Parameter. Er basiert auf bisherigen Erfahrungen und Beweisen, aber er ist nicht weise.

Die göttliche Kraft des Universums dagegen ist souverän und weise. Sie braucht keine Beweise, da sie alles weiß. Sie braucht keine Argumente, da alles in ihr ist. Sie hat nichts mit dem hektischen »Macher«-Denken zu tun, das bei uns verbreitet ist, denn sie lenkt ohnehin das Gesamtprinzip. Und weil wir Hexen seit vielen Jahrhunderten wissen, daß in dieser göttlichen Energie alles ist, wissen wir auch, daß wir ihr vertrauen können. Eine Energie, in der alle Pole und Kräfte in einem sinnvollen, unermeßlich großen System zusammenspielen, muß die Weisheit an sich sein. Denn sie hat keine einseitigen Interessen und damit keine Gegenspieler, mit denen sie sich bekriegen könnte. Daß man mit dieser universalen Energie nicht mit Kräften des Intellekts kommunizieren kann, wußten wir Hexen auch schon seit jeher. Der Kosmos braucht keinen Intellekt, um etwas zu erkennen – der Kosmos *ist* die Erkenntnis. Alle Schamanen dieser Welt fanden bald heraus, daß die Menschen etwas brauchten, um ein klein wenig mehr an der universalen Weisheit teilzuhaben. Die Suche nach diesem Etwas, das war der Weg, der im Laufe vieler Jahrhunderte zu wirkungsvollen Ritualen geführt hat. Rituale aktivieren eine Energieform, die sich – und damit uns – an die großen universalen Kräfte ankoppelt.

Wie verlief diese Suche, wie ging man vor? Wie läßt sich die Auswirkung von Planeten bestimmen, die Wirkung kultischer Rituale »austesten«? Sicher nicht mit dem Verstand allein. Es war etwas anderes im Spiel: die Intuition. Intuition findet in unserem Alltag statt, wenn wir plötzlich meinen, etwas ganz sicher zu fühlen, zu »wissen«, obwohl es sachlich und logisch gar nicht begründbar ist. Leider verlassen wir uns oft nicht darauf.

Wir verdrängen zum Beispiel ein Bild, das sich uns jäh auftat, und ersetzen es mit »vernünftigen« Gedanken, die auf intellektueller Überlegung beruhen. Und damit liegen wir dann meistens daneben.

Besonders erfolgreiche Spitzenmanager sagen heute, Sachwissen und Bildung seien wichtig, aber den eigentlichen Ausschlag bei wichtigen Entscheidungen gebe ihnen das »Gefühl«, die Intuition. Ich finde das sehr schön und frage mich allerdings, ob sich diese Herren eigentlich bewußt sind, daß sie damit prinzipiell wie eine weißmagische Hexe arbeiten. Denn Intuition – das heißt nichts anderes, als mit seinen inneren Antennen zu arbeiten und im Geist, nicht im Verstand, mentale Energieströme zu empfangen. Exakt der Weg, den wir in Ritualen beschreiten, nur tun wir dies dann viel stärker und in anderen Richtungen.

Für mich ist Intuition eine mächtige Basis, um richtige Weichenstellungen vorzunehmen und energetische Verbindungen zu unserer Umwelt aufzunehmen – zu Pflanzen, Tieren, Menschen bis hin zum Kosmos. Auf diesem Fundament können wir dann mit dem Verstand viel besser vorankommen. Denn auch beim Ritual, der gelenkten Form der intuitiven Fähigkeiten, hat der Sachverstand seinen Platz. Wenn unser Ritual nämlich Wirkung zeigt und wir diese spüren, zum Beispiel die Energien gesandt bekommen, die uns endlich die Kraft geben, ein Problem zu lösen, dann müssen wir dies auch auf rationale Weise im Alltag umsetzen. Genau dieses Zusammenspiel von Intuition und Intellekt beherrschten alte Kulturen perfekt.

Zu meiner Entwicklung gehört es, möglichst viele Fenster zu der großen universalen Erkenntnis aufzumachen und möglichst viele Menschen zu ermuntern, dies auch zu tun, um Probleme abzubauen und zu mehr Harmonie und Glück zu finden. Ein großes Fenster sind Rituale, und diese findet man auch in allen Kulturen, die sich durch spirituelle Fähigkeiten auszeichneten. Meine Neugierde und Offenheit führten dazu, daß ich mich in letzter Zeit besonders intensiv mit dem Weg der Indianer Nordamerikas beschäftigt habe. Im Sinne des »Zufalls« fiel mir dabei in Los Angeles die Freundschaft mit dem Apachen Nikiya zu, der mir von seinen schamanistischen Ritualwegen erzählte. Sie erscheinen mir als so profund und meinem eigenen Weg so nah, daß ich dem Thema ein eigenes Kapitel in diesem Ritualbuch eingeräumt habe. Auch Nikiya arbeitet – wie ich – ganz betont auf einem rein weißmagischen Weg und lehnt schwarzmagische Praktiken als schädlich für alle Beteiligten ab. (Meine Haltung zur Schwarzen Magie habe ich ausführlich in meinem ersten Buch dargestellt.)*

Wann sich Rituale bei Hexen, Indianern und anderen Kulturen entwickelt haben, läßt sich zeitlich nicht exakt festlegen. Sie sind keine Erfindung, die an einem bestimmten Tag gemacht wurde. Vielmehr entstanden sie seit Anbeginn der Menschheit aus sich langsam entwickelnden Erkenntnisprozessen, die teils vom rein intellektuellen Verstand (aber eben nur zum Teil!), größerenteils vom intuitiven Erkennen bestimmt waren. Nach meiner Überzeugung hatten Menschen in alten Kulturen, ob in Ägypten, auf Kreta oder bei den Kelten, die Fähigkeit, zwei Bereiche sehr fruchtbar zu verbinden: ihre intellektuelle Suche nach mehr Erkenntnissen, zusammen mit der Suche nach spiritueller Wahrheit. So staunen wir heute immer wieder, welche exakten astronomischen und meteorologischen Erkenntnisse fast alle alten Kulturen besaßen, ob Azteken, Kelten oder Wikinger, und dies ohne moderne technische Meßgeräte. Für mich erklärt sich das erstaunliche Wissen früher Kulturen und dessen sinnvolle Anwendung so: Die hohen spirituellen Energien dieser Menschen ließen sie auf ganz natürliche Weise schnell und direkt zu diesen wichtigen naturwissenschaftlichen Erkenntnissen gelangen. Zielgerecht beschleunigt wurde dieser Vorgang durch kultische Handlungen, also Rituale.

Heute, wo so bei vielen von uns Spiritualität tief verkapselt ins Unterbewußtsein verbannt ist, prüft man viel vom alten Wissen mit komplizierten chemischen Analysen und mit Computerläu-

---

* »Ich, die Hexe« (vgl. besonders S. 116–126)

fen nach. Dabei stellt man immer wieder fest, daß alles richtig war. Jedesmal deutliche Belege für die Kraft der Spiritualität und ihrer praktischen Anwendung in Ritualen.

Ein Kapitel über den Unterschied und Zusammenhang zwischen Intellekt und Intuition zu schreiben, war eigentlich nicht das, wonach es mich besonders drängte. Aber angesichts der vielen Diskussionen und der stets wiederkehrenden Fragen ist es wohl doch nötig, diese Zusammenhänge etwas genauer zu beschreiben und einige Argumente und Beispiele anzuführen. Mir liegt viel daran, daß diese Themen gesellschaftlich intensiver diskutiert werden – entspannt und tolerant. Eben mit dem Ziel, daß mehr Menschen dazu finden können, sich dieser wunderbaren inneren Antennen wieder bewußt zu werden – und ihre Energien fließen zu lassen.

Schon die ganz einfache Tatsache, daß zum Beispiel Pflanzen auf Stimmungen und die Ansprache von Menschen reagieren, zeigt, daß Kommunikation auch ganz anders als auf den gewohnten Wegen funktionieren kann. Bereits hier sehen wir erste Prinzipien, auf denen auch Rituale basieren:

* Um zu kommunizieren, sind »normale« Sinnesorgane wie Augen und Ohren nicht nötig. »Man« – ob Pflanze oder Planet – versteht uns auch so.
* Wenn wir auf diese Weise unsere Gedanken, Wünsche und Sehnsüchte als mentale Energien aussenden, erhalten wir auch eine entsprechende Reaktion darauf – eine Antwort, die uns hilft.
* Die Antwort hängt mit der Art und Weise zusammen, wie wir diese Elemente der Natur ansprechen – je konzentrierter und je positiver wir das tun, desto »besser« fällt für uns die Antwort aus.
* Energien fließen leichter, wir werden schneller »erhört«, wenn die Kontaktaufnahme rituellen Charakter hat.
* Generell zeigt sich: Die Einstufung oder Wertung dieses energetischen Kommunikationsweges durch die von der

Meßtechnik abhängige Naturwissenschaft ist unmöglich, da die Naturwissenschaft diesen Bereich meßtechnisch (noch) gar nicht erfassen kann.

4 Bedeutung der Rituale im Alltag

Wenn Sie unter Bekannten das Wort Ritual fallenlassen, werden die meisten sicher gleich Bilder aus Afrika oder welche von Indianern unterm Totempfahl assoziieren. Das ist gar nicht so falsch. Der Denkfehler liegt an einem anderen Punkt: Die meisten Menschen sind sich nicht bewußt, daß auch *wir* alle heute noch mit unzähligen Ritualen leben. Und leben müssen, denn ohne Ritualisierungen wäre meiner Einschätzung nach der Mensch nicht lebensfähig; er würde psychisch verkümmern. Denn nur Rituale schaffen die nötigen energetischen Verbindungen zwischen allem, was lebt; sie geben durch diese besondere Kommunikation dem einzelnen Menschen Selbst-Bewußtsein, aktivieren – und betten ihn gleichzeitig ein in ein Gesamtsystem.

Was für verheerende Folgen es hat, nimmt man den Menschen die Rituale, läßt sich an traurigen Kapiteln der Geschichte von Unterdrückung der Menschen durch Menschen ablesen. In allen Eroberungs- und Besatzergeschichten zeigt sich, daß besiegte Völker, Stämme, Gruppen trotz Unterjochung ein Leben in Würde, in geistiger und körperlicher Gesundheit dann führen konnten, wenn man ihnen nicht auch noch ihre wichtige Ritual-Kultur nahm. Manche Eroberer und Diktatoren mit besonders ausgeprägter Destruktionskraft wußten offenbar um den Stellenwert solcher Rituale und entrissen den Menschen unter ihrer Knute auch noch diese. So geschehen mit den Indianern Nordamerikas, denen bis 1978 strikt verboten wurde, ihre eigene schamanistische Religion auszuüben; auf religiöse Tänze oder etwa Gebete zum *Great Spirit* mit einer Adlerfeder in der Hand stand allen Ernstes Gefängnisstrafe. Statt dessen sperrte man die

Indianer in »Indian Schools«, von Weißen geführte Indianerschulen, in denen den Indianern das Christentum täglich hineingeprügelt wurde. Viele Indianer überstanden die seelischen und körperlichen Torturen nicht, verloren, bar aller ihnen gemäßen Rituale, ihre Identität und leben heute zu hohen Prozentzahlen als schwere Alkoholiker und mit tiefen Depressionen in den Reservaten vor sich hin.

Ähnliche Folgen hatte auch die Behandlung der Mulatten in Brasilien: Sie wurden nicht nur zur Sklavenarbeit gezwungen, sondern man nahm ihnen auch noch ihre volle rituelle Identität. So bietet sich heute in Nordostbrasilien ein sehr trauriges Bild: In vielen Dörfern leben Menschen apathisch nebeneinanderher; es gibt keine rituellen Feiertage, keine Begräbniszeremonien, keine rituelle Medizin. Wer stirbt, wird vielerorts einfach verscharrt; es fehlt an Nachbarschaftsbindungen, und jegliches gesundheitliche Wissen ist verlorengegangen. Wer ein schwer entzündetes Bein hat, schmiert sich Zahnpasta drauf, und statt das Wasser als Grundwasser hochzupumpen, wird es aus wurmverseuchten kleinen Tümpeln geschöpft. Betrachten wir dagegen die indonesische Insel Bali: Nie ernsthaft besetzt, waren hier die stark ausgeprägten hinduistischen Rituale – zum Beispiel die feierliche Verbrennung der Toten – auch nie in Gefahr. So sieht man heute selbst in den entlegensten, durchaus armen Dörfern Balis keine Krüppel, keinen Schmutz, keine Gleichgültigkeit, und die sozialen Strukturen sind auf sehr dynamische Weise am Leben.

Die Bedeutung der dem Intellekt übergeordneten Intuition habe ich vorher schon angesprochen. In Ritualen setzen wir intuitive Fähigkeiten gezielt ein, trainieren sie mit jeder rituellen Handlung. So kann man auch umgekehrt sagen, daß Rituale ein mächtiger Motor für die Virulenz der Intuition sind; daß ohne rituelles Leben die Fähigkeit zur Intuition versiegen und damit persönliche Strukturen wie auch gesellschaftliche Ordnungen allmählich zerfallen würden. Die Ritualisierung unseres Lebens ist eine enorme Chance, unser individuelles Sein hier und die Gesellschaft insgesamt mit Motivation, Energie und Freude zu füllen. Für mich wäre eine Gesellschaft mit ausgeprägten intuitiven Kräften und einer intensiveren Ritualisierung, dies sinnvoll verknüpft mit den Möglichkeiten unseres Verstandes, ein wirklich zukunftweisendes Modell.

Voraussetzung ist allerdings: Es müssen die *richtigen* Rituale sein.

Wie auch sonst in meinem Hexendenken ist mit dem Wort *richtig* keinerlei moralische Wertung gemeint. Den Menschen in moralische Schubladen zu schieben überlasse ich gerne der Herrschaftskirche und anderen Institutionen, die sich so gerne dazu aufschwingen, über andere zu richten. Mit einem *richtigen Ritual* meine ich ein von Sinn und Inhalt erfülltes Ritual, denn nur ein solches kann die erwünschte Wirkung haben.

Schauen wir einmal an, was unsere Gesellschaft an Ritualen pflegt. Da finden wir viele, die mir nur noch wie leere Hülsen erscheinen, wie etwa das Ex-Trinken von Alkoholkumpanen in der Bierkneipe. Dieses Ritual ist ein ins Negative gekehrtes Männlichkeitsritual, es fördert den Weg in den Alkoholismus und nimmt so dem Mann die Männlichkeit. Wie gesagt, ich verurteile nichts; jeder ist seines Glückes Schmied.

Andere sinnentleerte Rituale sind zum Beispiel Gewohnheiten in abgestumpften Beziehungen. So kann etwa die »Gewohnheit« eines Paares, einmal im Monat einen besonderen Abend in einem teuren Lokal miteinander zu zelebrieren, durchaus ein sinnerfülltes Ritual sein, weil es die gegenseitige Aufmerksamkeit und damit die Beziehung fördert. Andererseits kann der Brauch eines Paares, jeden Freitag in dieselbe Pizzeria zu gehen und dort schweigend das Essen in sich hineinzustopfen, eine sinn-lose Gewohnheit sein. Wenn Menschen Gewohnheiten haben und nicht sagen können, wozu und warum, wird es höchste Zeit, sich selbst zu hinterfragen.

Große Rituale in unserer Gesellschaft sind Taufe, Kommunion, Konfirmation, Hochzeit, Begräbnis. Nach Bundestagswahlen werden Rituale im Parlament abgehalten, in jedem Amtsgericht finden täglich Rituale statt: Schlüpft der Richter in die Robe, ist er nicht mehr der Herr Dr. Meier, sondern er löst sich aus seiner Persönlichkeit heraus in die rituell festgelegte Person des ganz unabhängigen, unparteiischen Richters. Und wenn der Herr Doktor seinen weißen Kittel anzieht, aus dessen Tasche seine Ritualwerkzeuge Stethoskop und ein kleines Hämmerchen herauslugen, dann ist er nicht mehr der Herr Dr. Müller, sondern der über allem thronende »Herr Doktor«.

Das Ritual des Richters in Schwarz und des Arztes in Weiß macht durchaus Sinn. Beide schaffen damit eigene energetische Verbindungen zwischen sich, dem Angeklagten oder Patienten und etwas Größerem, Unsichtbarem. Einmal geht es um die Pflicht, jedem das gleiche Recht zukommen zu lassen. Rituell wird das Unsichtbare dargestellt durch die heilige Justitia mit der Waage. Das andere Mal um die Pflicht, jedem, ohne Wertung der Person, zur Gesundheit zu verhelfen. Dafür hat der Arzt rituell den Eid des Hippokrates geleistet, und diese unsichtbare höhere Pflicht wird durch eine Schlange dargestellt.

Ähnlich ritualisiert finden viele Dinge in unserem Leben statt, Vereidigungen bei der Bundeswehr, Ordensverleihungen, Medaillenehrungen bei Olympischen Spielen; die Nationalhymne zu Beginn eines Weltmeisterschafts-Fußballspiels.

Dennoch meine ich, daß Rituale bei uns zu wenig Bedeutung haben, weil sie vom reinen Verstandesdenken verdrängt worden sind. Jugendliche, die in die Erwachsenenwelt eintraten, bekamen in früheren Kulturen nicht viele sachliche Ratschläge und Informationen über Pflichten und Rechte mitgeteilt, sondern wurden rituell über die Initiation – die Einweihung – in die Erwachsenenwelt aufgenommen. Manchmal wurde der Initiations-Ritus über eine kultische Trance durchgeführt, in anderen Kulturen mußten sich Jungen oder Mädchen in irgendeiner Form beweisen. Vielleicht sollte ich eher sagen, sie *konnten* sich beweisen, denn das können sie heute vielfach nicht mehr. Vielleicht gleiten nicht zuletzt mangels der Rituale, die den Menschen in seine nächsten Daseinsstufen auf der Welt führen, Jugendliche in Drogenprobleme ab.

Dazu noch ein kleines Beispiel: Es wird überall beklagt, daß viel zu wenig Jugendliche angesichts der rapiden Aids-Verbreitung Kondome benutzen, und es fällt den Fachleuten ausschließlich ein, noch mehr Aufklärung zu fordern. Dabei ist das Wissen um Aids und um die schützende Wirkung des Kondoms sicher nicht mehr das Hauptproblem.

Rein von der Information her fehlt hier sicher nichts, ich vermute eher, daß viele junge Menschen der Aufklärung sogar überdrüssig sind. Und etliche unter ihnen handeln scheinbar unvernünftig und benutzen keine Kondome.

Ich bin mir sicher, es geht nicht um Unvernunft, sondern um eine fehlende Ritualisierung, die gerade in der stürmischen Entwicklung vom Kind über den Jugendlichen bis hin zum Erwachsenen nötig wäre. Es fehlen eben diese Einweihungs-Rituale, die dem Jugendlichen das Gefühl geben, nun auf dem Weg zum richtigen Mann oder zur richtigen Frau zu sein. Das ist nicht über eine Aufklärung möglich, die als bloße Theorie den Kopf erreicht. Die Aids-Aufklärer müßten begreifen, daß der Jugendliche hier nicht Theorie, sondern ein starkes *Gefühl* braucht. Zum Beispiel könnte man ihm doch das Gefühl geben, wenn du bei einer neuen Freundin ganz selbstverständlich ein Kondom benutzt, dann bist du männlich, dann bist du ein souveräner, rücksichtsvoller und moderner, starker Typ. Das Benutzen des Kondoms in den ersten Wochen einer neuen Freundschaft könnte so zu einem kleinen Männlichkeitsritual werden.

5 Der Weg aller Rituale: synchroner Anschluß an die Transzendenz

Ich weiß, daß ich an diesem Punkt zwei Gruppen in meiner Leserschaft habe. Die eine Gruppe hat sich schon intensiv mit Esoterik beschäftigt, und für sie ist ohnehin keine Frage, daß zwischen Menschen und Menschen, Menschen und Pflanzen, Menschen und Planeten starke Energien fließen. Für sie kommt es darauf an, mit diesen Energien in einem harmonischen und aktiven Sinne zu arbeiten. Diese Leserinnen und Leser haben kein Problem, sich nun unmittelbar mit den großen Planetenritualen zu beschäftigen.

Die andere Lesergruppe stimmt mir wahrscheinlich ebenfalls zu. Sie ist wie die anderen Leser bereit, offen an das Thema heranzugehen und Masken abzulegen. Sie ist bereit, mit der Intuition und nicht nur mit dem Verstand zu arbeiten; bereit, den Alltag mehr zu ritualisieren und mit der entsprechenden Zielsetzung und meditativen Konzentration ins Ritual zu gehen.

Aber diese Lesergruppe hat noch ein kleines Problem: Sie kann die »Sache mit den Energien« trotz allem noch nicht recht einordnen. Nun wäre es eigentlich das beste, wie ein Kind vorzugehen. Dieses analysiert noch nicht, sondern erobert sich die Welt in praktischen Schritten und vertraut dabei den Dingen, die gut laufen. Ich verstehe aber sehr gut, daß dieser direkte Weg vielen erwachsenen Menschen schwerfällt. Das ist auch kein Wunder, denn wir alle haben von der Schule an mit dem Zwang gelebt, man dürfe nur das akzeptieren, was bewiesen, zumindest aber genau erklärt worden ist. Wenn Sie Rituale über eine längere Zeit praktizieren, wird sich diese sogenannte »Kopflastigkeit« von selbst legen. Sie sollten sich keine Gedanken machen, wenn bei dem Versuch, als eine Art Vorübung für Rituale ganz entspannt nach innen auf Ihre intuitiven Kräfte zu horchen, Ihnen der Kopf immer wieder mal »hineinfunkt«. Wenn er dabei wie ein Quertreiber mit Gedanken stichelt wie: »Ist das denn bewiesen? Da hat sich doch noch kein Naturwissenschaftler ernsthaft damit beschäftigt!«

Zu Ihrer Beruhigung: Schon viele Wissenschaftler haben sich mit den Energien beschäftigt, mit denen wir arbeiten. Und zwar durchaus aus einer positiven Sicht. Professor Ad. E. Jensen (1899–1965) war einer der bekanntesten Professoren für Ethnologie und Direktor des Frobenius-Instituts und des Völkerkunde-Museums in Frankfurt/Main und unternahm zahlreiche Reisen zu Naturvölkern. In seinem Buch »Mythos und Kult bei den Naturvölkern«* schreibt der Wissenschaftler über Schamanen. Er berichtet, daß sie nach dem Glauben der Eingeborenen Krankheit und Tod verursachen können. Dies vollziehe sich nicht, indem sie durch konkrete Handlungen in das Geschehen eingreifen, sondern, indem sie durch mentale Kräfte auf den geistigen Parallelvorgang Einfluß nehmen.

Er selbst war überzeugt, daß Schamanen heilen oder »das im Geistigen schon vorgezeichnete künftige Geschehen«, so seine Worte, voraussagen können. Er war sich weiter sicher, daß es im psychischen Bereich viele Zusammenhänge gibt, über die man rein wissenschaftlich nichts aussagen kann.

Vielleicht noch nicht.

Jensen hatte durch seine konkreten Studien in vielen Ländern damals die über Kulte oder Rituale freigesetzten Kräfte, beispielsweise für Hellsehen oder Fernheilungen, erkannt – er nannte sie psychische oder suggestive Kräfte. Jahre später trat ein anderer Wissenschaftler mit seiner Theorie von den morphogenetischen Feldern auf den Plan: der Biologe Rupert Sheldrake. Seine Theorie und seine Untersuchungen sind wirklich spannend – und sie zeigen aus einer ganz unerwarteten Ecke auf, wie man sich die Macht des Rituals in ihrer Wirkungsweise vorstellen kann.

* dtv Wissenschaft, Nr. 4567

Was der Biologe bei seinen Forschungen herausgefunden hatte, fand ich sehr interessant. Als Hexe jedoch, ehrlich gesagt, nicht ungewöhnlich: Tiere hatten über Tausende von Kilometern eine Art telepathischen Kontakt. Man brachte Affen, Ratten und anderen Tieren in Lernprozessen verschiedene Kunststücke bei – und urplötzlich beherrschten in weit entfernten Ländern Tiere der gleichen Art diese auch, obwohl sie untereinander keinerlei beweisbaren Kontakt hatten. Sheldrake entwickelte daraus die Theorie der morphogenetischen Felder.

Was uns dabei in Hinblick auf das Ritual interessiert, ist die Theorie des Biologen, Lebewesen hätten solche Felder um sich, und diese könnten über eine Art unsichtbarer Ausstrahlung über weite Distanzen auf ein Ziel fokussiert werden. Dies, ohne daß Materielles oder bekannte, meßbare Energien daran beteiligt wären. Sheldrake erklärte dies recht verständlich: Es gibt Grundmuster – Verhalten, Gedanken, biologische Strukturen –, und diese Grundmuster werden nicht in einem kausalen, zeitlichen Ablauf über uns bekannte Vermittler weitergegeben. Kein Tier hatte beispielsweise einem anderen sein Kunststück vorgemacht, kein Mensch einem anderen etwas verbal vermittelt.

Vielmehr übertragen sich diese Grundmuster auf einer höheren Ebene auf andere Wesen. Es ist eine Art synchrone Übertragung, bei der die Entfernung ebensowenig eine Rolle spielt wie die Zeit. Die Muster, nach denen wir uns – oder die Affen auf der Erde – verhalten und die sich gegenseitig in dieser Synchronizität übertragen, sind dabei nur Teile eines Ganzen.

Diese Theorie ist meinem Denken sehr nahe. Das Ganze, das sich auf der angesprochenen höheren Ebene befindet, kann man ja auch das Göttliche nennen oder die Schöpfung – den Bereich, den ich meine, wenn ich vom Kosmos oder vom Universum spreche. Das Universum ist für mich nicht ein mit astronomischer Mühe zu betrachtender leerer Raum mit einem Haufen Steinen. Man ist sich heute in der Wissenschaft sicher, daß der unendliche Kosmos, von dem wir grade mal von einigen hundert Billiarden Lichtjahren wissen, aus einem ganz unvorstellbar schweren und dichten Punkt entstanden ist, viel winziger als ein Staubkorn. Aus diesem unvorstellbar dichten Pünktchen entstand ein Raum von wiederum niemals begreifbarer Größe, ein Raum, voll mit Milliarden von Sternen, ein Raum, in dem alles nach ganz klaren Mustern abläuft. Und jeder von uns, jedes Tier, jeder Grashalm ist ein teilweise synchroner Abdruck dieses großen, alles bestimmenden universalen Musters, des *Great Spirits* oder – wie ich gerne sage – der Großen Kraft.

Damit ist klar, welche wunderbaren Möglichkeiten uns Hexenrituale eröffnen. Rituale sind so gestaltet – aus jahrhundertelanger Übung heraus –, daß sie uns die Ankopplung an die Große Kraft ermöglichen. Indem wir nun eine ganz bestimmte Energie, einen bestimmten Wunsch, mit hoher Konzentration in das Ritual hineingeben, sprechen wir ganz gezielt den entsprechenden Ausschnitt im Großen Muster, dem Kosmos, an. Damit vollzieht sich, ohne daß Zeit und Entfernung bei der Art von Energie eine Rolle spielen, eine sofortige synchrone Ankopplung. Bei der richtigen Ansprache im Prozeß des Rituals – dies erkläre ich im praktischen Teil genau (vgl. Teil II, ab S. 57) – wird aus dem Universum uns die entsprechende Antwort oder Hilfe zuteil.

Denn kein Wunsch, den wir haben, und kein Problem, unter dem wir leiden, ist neu. An »Zutaten« war schon immer alles da, nur die einzelnen »Rezepturen« ändern sich permanent. Jeder einzelne Mensch ist einzigartig, aber nicht in dem Sinn, wie manche glauben, daß alles an ihm und in ihm noch nie zuvor da war. Sondern in dem Sinn, daß aus dem göttlichen Muster im Universum, welches aus Billiarden hoch Billiarden von Einzelteilen besteht, in uns eine ganz individuelle Zusammenstellung von Komponenten aus dem göttlichen Muster erfolgt ist.

So erklärt sich der Satz, daß alles mit allem zusammenhängt, und darum kann auch alles mit allem mentale, energetische Verbindung aufnehmen – immer über den Weg der höheren Ebene, immer über die göttliche, universale Kraft. So wird auch die

Analogieregel »wie oben, so unten« klar: Alles, was es in unserer materiellen Welt gibt, gibt es da oben in der transzendenten Welt. Diese transzendente Welt ist deshalb »erleuchtet«, der materiellen Welt überlegen, weil sie heil, komplett ist, während alles auf der Erde immer nur ein winziges Teilchen vom Ganzen ist. Somit kann uns die universale, transzendente Kraft über das Ritual enorm helfen: Sie ist alles, hat alles und wird uns Hilfe geben, indem sie nach unserer Bitte über das Ritual aus der unendlichen Palette der höheren Ebene genau die Detail-Energie sendet, die wir zur Lösung unseres Problems brauchen. Diese für uns gedachte Detail-Energie ist sofort da, denn der Kosmos muß nicht nachdenken. Wenn wir sie nicht sofort spüren, sondern erst einen Tag oder fünf Wochen später, hat das damit zu tun, daß der behäbige Teil im ganzen System unsere riesige materielle Welt ist und sich diese Energie dort erst Stück für Stück manifestieren kann.

Vielleicht verstehen Sie nach diesen Ausführungen nun auch, warum ich moralische Bewertungen immer wieder ablehne. Ist jemand »gut« oder »böse«, hat jemand Pech oder Glück, sind Menschen groß oder klein, äußerlich schön oder weniger schön, handelt es sich stets um Materialisierungen von Details aus dem universalen Muster. Wir haben alle unsere speziellen Details von Geburt an mitbekommen, und wir sollten nicht ewig damit hadern, wir sollten vielmehr versuchen, in Harmonie zu leben, um entsprechend unseres persönlichen Musters glücklich, gesund und heil zu sein. Dazu versuchen wir, unsere Struktur etwas mehr kennenzulernen, um ihr gemäß leben zu können. Denn wenn wir gegen die uns vom Kosmos aus welchen »Gründen« auch immer gegebene Struktur leben, werden wir unglücklich, und die Disharmonie schlägt sich materiell nieder, beispielsweise in Krankheiten.

Andererseits hält das unendlich reichhaltige Energiefeld der Transzendenz auch viele für jeden von uns sehr nützliche Details bereit. Diese anzusprechen, »abzurufen«, das tun wir im Ritual. Besonders wirkungsvoll geht das mit den großen Planetenritualen, denn die Planeten sind besonders starke »Fingerabdrücke« der Transzendenz und damit sehr potente Mittler zwischen uns Menschen und der Großen Kraft des Kosmos.

Viele Naturvölker entwickelten ihre Rituale auf fast spielerische Art. Spielerisch heißt nicht nahe am Kindischen, sondern nahe am Kindlichen. Der Verstand wurde uns gegeben, um hier auf der Erde mit Problemen der Polarität zurechtzukommen. Er ist ungeeignet für den Synchron-Anschluß an die Transzendenz. Spielen dagegen schafft Synchronizität, denn im Spielen tut man bekanntlich so »als ob«. Das heißt, man schafft ein synchrones Abbild eines anderen Zustandes, wodurch man sich automatisch an diesen Zustand synchron ankoppelt. Daher haben Kinder, die im Gegensatz zu uns die Fähigkeit zum Spielen noch haben, das Gefühl, wirklich die Person zu sein, die sie gerade spielen. Sie sind es wirklich, denn sie haben im Spiel Verbindung zu dieser Person aufgenommen. So ist es auch mit Symbolen und Ritualen.

Das Ritual ist in seinem Wesen ein symbolischer Vorgang, ein für uns sichtbarer Ausdruck eines geistigen Phänomens, einer für uns unsichtbaren transzendenten und uns durch ihre Ganzheit übergeordneten Wirklichkeit. Das Ritual wird von uns »künstlich« geschaffen, sozusagen inszeniert und ist damit ein synchrones Abbild einer Wahrheit. Da diese Wahrheit mit unseren irdischen Sinnen nicht sichtbar ist, bedienen wir uns des Kunstgriffes Ritual und bekommen damit Anschluß an diese spirituelle Wahrheit. Das Prinzip des Rituals als Adapter zur Großen Kraft ist eigentlich sehr einleuchtend. Rituale ebnen uns den Weg in die unser Leben bestimmende gigantische Wirklichkeit. Wer das erkannt hat, kann eigentlich nicht mehr viel falsch machen, höchstens eines: der Vorbereitung und Durchführung des Rituals zu wenig Augenmerk schenken.

Zum besseren Verständnis der Durchführung müssen wir uns noch zwei Zahlen anschauen, die für Rituale sehr bedeutend sind.

6 Zwei und Vier – magische Zahlen im Ritual

Zahlen sind Magie. Ich arbeite viel mit Numerologie und erlebe immer wieder die große Bedeutung der einzelnen Zahlen*. Im Ritual arbeiten wir meist in und mit der Natur und müssen uns weder mit Kartenlegen, komplizierten astrologischen Zeichnungen oder schwierigen numerologischen Berechnungen auseinandersetzen. Aber es gibt zwei Ausnahmen – zwei Zahlen, über die man im Sinne des vollen Verständnisses für Rituale doch reden sollte.

Es geht um die Zwei und die Vier. Ich war viel auf Reisen in meinem Leben, und wohin ich auch komme: Immer, wenn es in den Bereich des Spirituellen hineingeht, begegnet mir die magische Vier. Deutlich sieht man in jedem der tibetischen und nepalesischen Mandalas außer einem magischen Welten-Kreis Vierecke und Kreuze. Mit dem Mandala-Bild, auf dem verwirrend viele Formen und Figürchen fein gezeichnet zu sehen sind, meditieren die Buddhisten. Mandala heißt schlicht Bild, und in diesem Bild finden wir diese unzähligen kleinen Figürchen graphisch eingeordnet in und außerhalb eines großen Kreises, in welchen wir wiederum mindestens ein Quadrat sehen. Meist ist die Vierteilung des Urprinzips Kreis (er ist rund wie die Planeten) sogar noch durch zwei klar erkennbare Achsen deutlich gemacht. Im Kreuzungspunkt der Achsen, die auch die Himmelsrichtungen repräsentieren, also genau in der Mitte des Weltenkreises, sitzt das Innere, der ruhige Punkt, die Erleuchtung. Fast immer wird er dargestellt durch einen exakt in diese Mitte gemalten Buddha.

---

* Vgl. dazu »Ich, die Hexe«

Wir haben nicht nur in diesen buddhistischen Bildern die vier Himmelsrichtungen, die klare Betonung der Vier. Bei uns Hexen spielt das Vierer-System eine große Rolle; wir betonen im magischen Kreis die vier Himmelsrichtungen. Dasselbe tun die Indianer, für die die Vier auch ein elementares Prinzip ist, auf dem all ihre Rituale basieren. Die Astrologie arbeitet mit den vier schon von Aristoteles erkannten Elementen Feuer, Erde, Wasser, Luft. Ihnen sind die zwölf Sternzeichen zugeordnet: Feuerzeichen sind Widder, Löwe, Schütze; Erdzeichen sind Stier, Jungfrau, Steinbock; Luftzeichen sind Zwillinge, Waage, Wassermann; Wasserzeichen sind Krebs, Skorpion und Fische.

Diese vier Naturelemente machen deutlich, wie sehr alles zusammenhängt: Das Feuer benötigt Luft zum Leben – und wird durch Wasser gelöscht, also in Grenzen gehalten. Das Wasser wiederum kann nur leben, wenn es von der Erde getragen wird; die Erde ist das Bassin des Wassers. Die Erde kann nicht ohne Wasser und Feuer (= Sonnenlicht) existieren, sie wäre sonst unfruchtbar, also tot. Die Luft braucht, um nicht starr zu verharren, sondern, ihrem Element entsprechend, in Bewegung zu kommen, das Feuer, die Sonnenhitze. Nur so kann sie aufsteigen.

Außerdem zeigen die vier grundsätzlichen Naturelemente auch, daß es beim Vierer-Prinzip nicht um bloße Symbolik geht, sondern ganz konkret um die lebenden Kräfte, die den Lebensrhythmus auf der Erde am Schlagen halten. Tatsächlich haben wir ja auch die physikalischen Zustände fest (Erde), flüssig (Wasser), gasförmig (Luft) und heiß, strahlend (Feuer). Und nicht nur die Indianer, sondern auch die alten Griechen und verschiedene asiatische Kulturen fanden hier den Spannungsbogen zur spirituellen Symbolik: Die Luft steht fast bei allen für den klaren, intellektuellen Geist, das Feuer für die Leidenschaften und den Willen; das Wasser für den Bereich der Seele und die Erde für den Körper, die Materialisierung unseres Seins. Und fast überall findet sich deckungsgleich die Einstufung, daß Feuer und Luft die zwei männlichen, nach oben strebenden Prinzipien sind; Wasser und Erde dagegen das bodenständige, weniger rastlose, weibliche Prinzip. Insofern kommen wir hier auf einen anderen Zusammenhang: den der vier Elemente mit dem dualen Prinzip, der Polarität: Die vier Elemente beinhalten zwei Prinzipien, männlich und weiblich. Elemente mit dem dualen Prinzip der Polarität: Wir leben stets mit zwei Prinzipien in den vier Elementen. Mit diesen balanceartig umzugehen und Neues aus ihnen zu schöpfen, ist eine unserer wichtigsten menschlichen Aufgaben.

Die berühmte Smaragdtafel des Hermes Trismegistos, ein Weiser der späthellenistischen Zeit, der auch als Vater der Alchemie gilt, wird von vielen seriösen Esoterikern auch heute noch als Dreh- und Angelpunkt spirituellen Wissens betrachtet. Deutschlands derzeit renommiertester esoterischer Psychotherapeut, Thorwald Dethlefsen, meint sogar, in den 12 Hermes-Sätzen sei alles dem Menschen zugängliche Wissen dieser Welt zusammengefaßt.

In den Sprüchen dieser Tafel finden wir das Vierer-Prinzip, das duale Prinzip und, wie ich meine, sogar eine Erklärung für das grundsätzliche System des Rituals, wie wir es anwenden.

Aber der Reihe nach. Hermes Trismegistos, der sagenumwobene mythische König und Gelehrte, hinterließ Schriften, die als Erbe der gnostisch-hellenistischen Zeit von manchen Forschern als teilweise mit der Bibel verwandt angesehen werden und die tatsächlich für viele Esoteriker der Grundstein sind. Von Hermes stammt auch das Wort Hermetik, mit der Esoterik auch beschrieben werden kann. Auf seiner berühmten Smaragdtafel-Schrift sagt Hermes zwei Sätze, welche die Zahlen Zwei und Vier betreffen:

* »Was unten ist, ist wie das, was oben ist, und was oben ist, ist wie das, was unten ist, um die Wunder des Einen zu vollbringen.«
* Von dem »Einen« sagt Hermes weiter: »Sein Vater ist die

Sonne, seine Mutter ist der Mond; der Wind hat es in seinen Schoß getragen; seine Ernährerin ist die Erde.«

Warum diese Sätze für unser spirituelles Verständnis der Rituale wichtig sind: Beide Sätze betonen ganz eindeutig, daß alles mit allem zusammenhängt, und zwar in einem energetischen Wechselspiel. Das ist schon sehr wichtig, denn mit dem Ritual gehen wir in ein energetisches Wechselspiel.

Zum ersten Leitsatz: Er zeigt die Entsprechungen, und hier finden wir auch die Zahl Zwei: oben und unten. Dieser Leitsatz weist wieder das System der Muster auf, oben dasselbe Muster wie unten (und dies wurde früher auch durchaus räumlich gemeint, oben der Himmel, unten die Erde). Wir haben im Prinzip also schon in dieser alten Schrift das erklärt, was Rupert Sheldrake herausfand.

Dies zeigt uns auch auf, daß man damals, als auch schon zahlreiche Rituale zelebriert wurden, bereits wußte, daß auf diese Weise Verbindungen zwischen den energetischen Mustern hier und denen »oben« hergestellt werden können. Hermes betont weiter, daß eines mit dem anderen deshalb zusammenhinge und sich entspräche, um das »Wunder des Einen« zu vollbringen. Das Eine, das ist das Ziel, die Synthese, die Erleuchtung, könnte man hochtrabend sagen – oder ganz einfach, auf unser hiesiges Leben bezogen: das Glück. Damit ist sehr schön erklärt, daß es durchaus gut ist, wenn wir als das Unten mit dem Oben über das Ritual kommunizieren, denn es ist ein möglicher Weg, uns dem Glück zu nähern.

Zu nähern, das sage ich bewußt. Denn wir sind auf dieser Erde in der Polarität und nicht erleuchtet. Die Zahl Eins steht für die göttliche Einzigartigkeit, den Ursprung, die Erleuchtung, diese Zahl läßt sich auch nicht mehr teilen. Wir müssen uns bewußt bleiben, daß wir die Eins, das Einzigartige zwar anstreben müssen, aber auf der Erde dennoch in der Zwei, der Dualität leben. Die Zwei steht für Partnerschaften, und diese halten bekanntlich die Menschheit schon rein biologisch am Leben.

Auf der Schattenseite bedeutet die Zwei Trennungen, und auch die sind notwendig, um Dinge zu klären und zu neuen Ufern zu gelangen. Generell steht die Zwei für die Polarität in diesem Leben, das wir zwischen oben und unten, hell und dunkel, rechts oder links, heiß und kalt führen, und bei dem wir uns täglich viele Male zwischen zwei Möglichkeiten entscheiden müssen: entweder – oder. Zwei Seiten. Die Zwei also hält uns sehr auf Trab. Dabei ist es aber wirklich vielleicht nur eine Art Spiel, das wir hier zu absolvieren haben, denn im Universalen, in der »Erleuchtung«, sind diese zwei Pole friedlich vereint, und dann erst ist alles »komplett«. Das wiederum heißt, daß die zwei Pole sich doch sehr entsprechen, wenn sie schließlich zusammenpassen. Wir einfachen Menschen wissen jedoch oft nicht, was nun wie und warum zusammenpaßt, und darum sind wir permanent damit beschäftigt, zwischen zwei uns oft diffus erscheinenden Polen herumzulavieren, was uns so viele Probleme macht.

Das klingt ein wenig kompliziert, aber es ist doch wichtig zu wissen, daß es dieses duale, polare Prinzip ist, das uns oft so hin- und herreißt. Das wird sicherlich auch künftig so bleiben. Und dennoch: Das Prinzip zu verstehen führt dazu, es allmählich zu akzeptieren. Damit können Sie bereits viel gelassener mit den Dingen des Lebens umgehen. Und es ist auch gut zu wissen, daß es neben dieser Polarität im Sinne eines Zweier-Systems die Analogie gibt, also die Entsprechung zweier Bereiche (wie oben, so unten). So können wir nämlich – und das wäre doch ein schönes Ziel für unser Ritual – versuchen, in scheinbaren Gegensätzen, die uns vielleicht zur Zeit Probleme machen, eine Analogie herzustellen. Konkret hieße das: Wir stehen zwischen zwei Polen, die uns beide nicht recht verständlich sind, und wissen die Situation nicht recht zu werten. Die Bitte in einem Sonnenritual kann dann lauten, eine Erklärung und damit auch Klärung der Situation zu erfahren. In so einem Fall werden wir sicher Signale bekommen, die uns verständlich machen, wo bei beiden Polen doch dieselben Muster vorliegen; das kann uns helfen, zu verstehen.

Zum zweiten Leitsatz: Sonne, Mond, Wind und Erde. Die Vier. In der aber steckt wieder die Zwei: Sonne und Mond sind das planetarische Prinzip, das Oben, Wind und Erde das Unten, unsere Welt. Dies macht den Zusammenhang der Zwei und der Vier deutlich. Zweimal zwei gleich vier – die Zwei zweimal genommen ergibt eine Vier, das Duale führt also zu dem Einen.

Ich beabsichtige nicht, Ihnen mit diesen Überlegungen Kopfzerbrechen zu bereiten. Ich verstehe sie mehr als Spiel, um uns transparenter zu machen, wie verwoben alles mit allem ist. Auch die Zahlen miteinander. Und speziell für die Zwei und die Vier möchte ich mehr Aufmerksamkeit erzeugen, weil wir mit diesen Zahlen oft im Ritual zu tun haben.

Lieben Sie ganz einfach die Vier, denn die Vier verleiht Festigkeit. Was auf vier Beinen steht, ist stabil. Die Vier finden wir in der Natur; Arme und Beine ergeben vier, wir haben vier Himmelsrichtungen, und über die vier Elemente haben wir schon gesprochen. Und leben Sie entspannt mit der Zwei, die uns oft Vereinigungen, aber auch Zerreißproben beschert. Akzeptieren Sie diese Polarität als notwendigen Motor in unserer Welt, indem Sie sich einen Magneten vorstellen: Er hat zwei Pole, plus und minus. Die Pole sind also diametral verschieden. Und doch kann keiner der beiden Pole ohne den anderen, denn dann gäbe es die Spannung nicht, die den Magneten zu einem Ganzen macht. Viele Religionen und zahlreiche berühmte Philosophen und Forscher haben das erkannt. Aus dem Taoismus stammen Yin und Yang. In der Zeichnung sind diese beiden Pole interessanterweise zwar getrennt, aber in einem umschließenden Kreis zum Ganzen verbunden.

Dazu hat der schwarze Yin-Teil (weiblich, sanft, Gefühl, Passivität) in sich einen kleinen weißen Punkt gemalt. Der weiße Yang-Teil (männlich, hart, Verstand, Aktivität) besitzt dagegen einen kleinen schwarzen Punkt – die Zeichen der Anhängigkeit voneinander und der Entsprechung zueinander.

Schauen Sie sich Ihren magischen Kreis im Ritual an und die vier Himmelsrichtungen, die Sie mit größeren Steinen markiert haben! Sie haben die Vier, aber auch die Zwei, nämlich zwei Achsen, welche die vier Richtungen bilden. Wenn die Hexe oder der Magier in Richtung Osten (= Sonnenaufgang, Symbol des Neuen, Zukunft) arbeiten, haben sie den Westen (= Sonnenuntergang) im Rücken. Manche Magier arbeiten bei ihren speziellen Ritualen in Richtung Norden, haben den Süden im Rücken und befinden sich so auf der Linie des magnetischen Kraftflusses der Erde, den sie sich für ihre rituellen, konzentrierten Bewußtseinsströme zunutze machen. Im Buchteil über indianische Rituale (vgl. S. 107) finden Sie die Sicht der Apachen im Zusammenhang mit den magischen vier Himmelsrichtungen.

Lernen Sie als Übung zu Ihrer Sensibilisierung schnell zu orten, wo die Himmelsrichtungen liegen; es ist nicht schwer, das am Stand der Sonne zu erkennen. Auf Spaziergängen können Sie dann ganz unauffällig auf einer Anhöhe stehenbleiben und sich auf eine Richtung konzentrieren, tief einatmen, innerlich einen Wunsch formulieren und ihn in Ihre gewählte Richtung ausatmen. Wenn Ihnen die Kräfte der vier Himmelsrichtungen (der Osten bedeutet Leben oder Neubeginn; der Süden Licht, Wärme und Gefühle; der Westen Liebe in allen Facetten; der Norden Gesetz, Sachlichkeit, Geist) bewußt sind, dann tragen Sie immer einen magischen Kompaß bei sich und überall können Sie diese Bewußtheit üben. So kann sich jeder auch im Alltag ein wenig auf die Ritualarbeit einstellen.

Doch zurück zur Smaragdtafel des Hermes. Da habe ich noch einen hochinteressanten Satz über unseren grundsätzlichen Willen, mit dem Leben aktiv umzugehen, gefunden. Die Sicht über das Sein, sagt der weise Hermes, »steigt auf von der Erde zum Himmel und kommt wieder herab zur Erde und empfängt die Kraft der oberen und unteren Dinge. So wirst du den Ruhm der ganzen Welt erlangen. Deshalb wird alle Dunkelheit vor dir fliehen.«

Machen wir nicht genau das mit den Ritualen? Mit den großen Planetenritualen nehmen wir Kontakt zum Himmel auf, wo unsere großen Entsprechungen sind, und wir bekommen von da oben die entsprechenden Energien. Dies alles hat zum Ziel, daß die Dunkelheit, unsere Probleme fliehen. Hermes betont gleich anschließend die langfristige Kraft solcher Energien: »Das ist die starke Kraft aller Kraft. Denn sie wird über alle Feinde siegen und alles Feste durchdringen.« Es ist also die große, universale Energie, die weit über unserer polaren Welt steht und Materie durchdringt, also stärker als Materielles ist.

Für mich ist die Smaragdtafel des Hermes eine faszinierende Art, Weg und Wirkung der Rituale zu verstehen. Der Text ist nicht nur eine Bestätigung für den Sinn der Rituale, sondern auch eine Aufforderung: nicht dumpf in den Tag hineinzuleben, sondern zu begreifen, daß wir unser ganzes Leben ritualisierter und – damit – bewußter leben sollten.

7 Das rituelle 10-Punkte-Programm

Damit ein Adapter funktioniert, ist es gut, die Gebrauchsanweisung genau zu beachten. Dieses geniale Fenster in die gigantische, unseren Sinnesorganen und Kommunikationswegen sonst verschlossene Wirklichkeit im Universum kann jedoch ganz schnell zuklappen, wenn man ein Ritual nur »macht«. Machen heißt eben hier nicht bloß nach Vorschrift durchführen. Zur Struktur des gelungenen Rituals gehört mehr:

Häufige Wiederholung

Die Ankoppelung unseres Lebens-Wagens an die unendlichen kosmischen Schienen ist eine nicht ganz einfache Aktion. Wir setzen dabei eine Transformation in Gang; wir wollen von unserer kleinen, materiellen Welt in den nichtmateriellen und nicht an Dreidimensionalität gebundenen Bereich gehen und dort eine gute Energie freundlich ansprechen, die uns dann auf der Erde hilft. Die hierfür notwendige Verdichtung der rituellen Energie erhalten wir nur durch eine geduldige, ständige Wiederholung des Rituals. Jeden Tag geht die Sonne auf, jeden Monat ist Vollmond: Die Kraft kosmischer Energien resultiert auch aus der Ruhe, die in der beständigen Wiederholung liegt. Mönche und Weise, die immer wieder immer dasselbe immer zur selben Zeit beten, wissen dies. Also: Eine theoretische Ritualanleitung wird nur durch *häufige Wiederholung* zum wirklichen und damit wirksamen Ritual. Jedes Ritual sollte mindestens neunmal in drei Dreierrhythmen mit je einer Woche Pause dazwischen durchgeführt werden.

Stereotype Wiederholung

Bei der Gestaltung eines Rituals gibt es viel mehr Freiheiten, als die meisten glauben. Sie können sich neben einigen festen Vorgaben, an die Sie sich unbedingt halten müssen, weil sonst nichts gelingen wird (wie etwa das absolute Muß, beim Venus-Ritual ein Gefäß aus Kupfer zu verwenden), jede Menge Freiheiten erlauben. Das betrifft vor allem die Sprüche, die Sie beim Ritual sagen. Aber: Haben Sie Ihre textliche Gestaltung für ein Ritual einmal gefunden, sollten Sie unbedingt den Ablauf bei allen Repetitionen *ganz exakt wiederholen*. Wenn diese Exaktheit nicht vorhanden ist, kann man nämlich gar nicht von einer Wiederholung sprechen. Schon bei kleinen Änderungen der Sprüche ist es nicht mehr das Ritual vom letzten Mal. Wenn Sie hier Probleme haben, schreiben Sie sich Ihren Text auf.

Klarheit über das Ziel schaffen

Nur noch einmal zur Beachtung: Ohne ein klares, positives, nicht egozentrisches Ziel verkümmert selbst ein mächtiges Hexenritual zum bloßen Freizeitvertreib. Das Ritual nimmt wie ein Trichter auf geniale Weise unsere Wünsche und Ziele auf, setzt sie um und entsendet sie in den Kosmos. Mit solchen Kräften spielt man nicht, damit könnten wir uns die geduldige Gewohnheit der Großen Kräfte leicht verscherzen! Deshalb überlegen Sie vor jedem Ritual ganz genau: Welches Ziel (eines, nicht viele!) habe ich?

Sich auf das Ziel konzentrieren

Wenn wir grundsätzlich wissen, was das Ziel unseres Rituals sein soll, dann sollten wir vor der Inszenierung unsere eigenen, inneren Energien so gut als möglich *auf unser Ziel konzentrie-*

ren. Mit dieser Vorarbeit gehen wir schon mit einer optimierten Energieform in das Ritual hinein und haben dadurch einen weitaus größeren »Verstärkereffekt«. Es findet keine Energieverschwendung mehr während des Rituals statt, etwa durch ablenkende Gedanken. Wer während eines schönen Diana-Rituals plötzlich herumüberlegt, ob er am Abend Tortellini oder Bratkartoffeln mit Schnitzel machen soll, beraubt sich der Ritual-Wirkung. Wenn Sie anfangs damit Probleme haben: Stellen Sie sich die ablenkenden Gedanken wie schnellziehende weiße Wölkchen am blauen Himmel vor. Beißen Sie nicht in innerer Selbstwut über die störenden Gedanken die Zähne aufeinander, dann wäre Ihre nötige Entspanntheit im Ritual dahin. Akzeptieren Sie die ablenkenden Gedanken und denken Sie daran, daß sie gleich wieder wie weiße Wölkchen wegfliegen werden. Haben Sie keinerlei Angst vor diesen »Wolken«, die vielleicht vor jedem Ritual wieder auftauchen werden. Sie erreichen diese Lockerheit tatsächlich viel leichter, wenn Sie sich vor Beginn jedes Rituals innerlich stark konzentrieren. Vielleicht gelingt es Ihnen, einen Modus dieser Konzentration zu entwickeln, der Ihnen besonders liegt.

Schaffen Sie Ihre meditative Stimmung

Das Ritual sollten Sie in *meditativer Stimmung* abhalten. Die vorherige Konzentration führt ohnehin meist in diese Stimmung: Von Nutzen ist es, wenn Sie dazu Versenkungsmethoden wie autogenes Training, transzendentale Meditation oder einfache Atem-Entspannungsübungen schon einmal gemacht haben. Techniken wie diese helfen, schneller auf eine tiefere, dem Unterbewußtsein nähere Stufe zu gelangen. Mit Meditation ist beim Ritual übrigens keine Lethargie gemeint, schon gar nicht etwa eine Form der Schläfrigkeit. Wie bei jeder sinnvollen Meditationsform geht es um die Konzentration – dabei können Sie innerlich durchaus auch ekstatische Gefühle spüren. Selbstverständlich schafft anschließend das Ritual selbst eine enorme spirituelle Stimmung. Die können Sie aber eben nur richtig fühlen und genießen, wenn Sie sich vorher schon aktiv darauf eingestimmt haben.

Ich empfehle übrigens, nicht direkt vor großen, elementaren Ritualen zu essen; wichtig ist aber, davor zu duschen, zumindest Gesicht und Hände (bis über die Ellbogen) zu reinigen. Solche kleine Reinigungszeremonien als Vorstufe bewirken einiges. In vielen Naturvölkern waren vor großen Ritualfesten tagelange Fasten- und Reinigungszeremonien vorgeschrieben.

Ihre Schwingungen auf Parallelkurs bringen und bündeln

Gehen Sie beim Ritual stets von der Vorstellung *positiver Schwingungen* aus. Stellen Sie sich das ruhig bildlich vor, denn Ihre Konzentration auf Ihr Ziel soll auf dem Wege der Visualisierung stattfinden. Es geht nicht um zähneknirschendes Wollen! Stellen Sie sich bei der vorherigen gedanklichen Konzentration vor, wie sich all Ihre kraftvollen Schwingungen allmählich – wie Wellen, die im Meer gemeinsam zur Küste rollen – parallel auf Ihr Ziel einstellen; wie diese Schwingungen sich dann mehr und mehr zu einem kraftvollen, dicken Energiestrom verbünden. Stellen Sie sich vor, wie dieser starke Strom nun während des ganzen Rituals bestehen bleibt, ein starker Energie-Kraftfluß, der von Ihrem Geist in das Ritual einfließt und dann von dort aus mit transformierten Schwingungen ohne Behinderungen von Zeit und Raum direkt seinen universalen Bestimmungsort erreicht.

Gehen Sie mit positiver Einstellung hinein

Gehen Sie an ein Ritual überhaupt nur dann heran, wenn Sie dazu eine vollkommen *positive Einstellung* haben. Bewegen gleichgültige Gedanken Sie oder zweifeln Sie von Anfang an dem Ergebnis, dann wird das Ritual Ihnen nur schwerlich nützen.

Wer mit guten Gefühlen an das Ritual herangeht, hat sein Ziel schon gut abgesteckt. Zum Beispiel bei großen Planetenritualen: Sie haben ein bestimmtes Ziel, wollen sich im Ritual beispielsweise auf die Gesundung eines Verwandten konzentrieren. Sie richten Ihren Ritualplatz im Wald oder auf einer Wiese her und tragen in sich dabei den ruhigen Grundgedanken, jetzt wird es meinem Verwandten besser gehen, weil ich jetzt mit der Anrufung guter Energien im Ritual die Dinge in eine positive Richtung lenke. Es muß fast schon eine Gewißheit in Ihnen sein, daß durch Ihre jetzige Handlung (das Ritual) die Zukunft (die Gesundheit dieses Menschen) schon *ist*. Denn alles, was Sie in der Gegenwart tun, ist spirituell die Vorwegnahme der Zukunft; sie muß sich dann nur noch in unserer trägen Materie und nach unserem linearen Zeitablauf manifestieren.

Vergessen Sie nicht: Sie fühlen sich unter Menschen vielleicht manchmal allein, möglicherweise einsam – aber Sie gehören zum Ganzen, und je mehr Sie die Große Kraft ansprechen, desto mehr werden Sie sich in diesem Ganzen eingebettet fühlen, desto mehr von diesen erleuchteten Kräften Hilfe erhalten; von Kräften, die alles, plus und minus, gut und böse, auf heile Weise in sich vereinen. Dieses Denken schafft oft eine frohe Stimmung, und die ist für den Beginn des Rituals geradezu wunderbar.

Beginnen Sie in dieser Stimmung nun das Ritual, und Sie werden spüren, daß über Ihnen schon ein Kanal offensteht, der nun wie ein großer Trichter Ihre Ritualformeln aufnehmen, verdichten, weiterleiten wird. Mit einer völlig indifferenten Grundstimmung am Anfang des Rituals arbeiten wir sozusagen einfach ins Blaue hinein; mit der positiven, zielgerichteten Grundstimmung jedoch steht uns meist schon von Anfang an der richtige »Kanal« für das jeweilige Problem zur Verfügung.

Benützen Sie Rituale nicht nur für Ego-Ziele

Wer viel mit Ritualen arbeitet – und das werden Sie wahrscheinlich tun, wenn Sie erst mal gemerkt haben, was sich hier für Möglichkeiten eröffnen –, sollte häufiger auch *Rituale ohne egoistische Ziele* zelebrieren. Dann nämlich werden Ihre anderen Rituale zur Lösung Ihrer persönlichen Probleme und Fragen schneller wirksam werden. Warum? Ganz einfach: Der ganze Kosmos arbeitet mit der Erinnerungsfähigkeit. Das geht von der Entwicklung des Alls bis ins kleinste Detail hinein, zum Beispiel bis zur Entwicklung des komplizierten und perfekten Stoffwechselsystems einer kleinen Pflanze oder bis zur Entwicklung des biologischen Wunderwerks unserer beiden Nieren, deren rund 200 Millionen entgiftende Harnkanälchen eine insgesamt 100 Kilometer lange Röhrenleitung darstellen.

Im vorderen Buchteil habe ich den Wirkungsmechanismus von Ritualen unter anderem auch mit der Theorie der morphogenetischen Felder des Biologen Rupert Sheldrake erklärt. Ähnlich wie in dieser Theorie ist für mich denkbar, daß die Erinnerungsfähigkeit eine Art Muster ist, das für unsere Persönlichkeit steht. Ein Muster, an dem man uns erkennt. Ein Muster, welches – wie alles – seine eigene Ausstrahlung hat. Auf diese scheint sich nach meinen Erfahrungen das Universum eher einzuschwingen, wenn wir nicht zu egoistisch auftreten. Man kann sich das ja auch leicht vorstellen: Egoismus ist etwas in sich Abgekapseltes; Verständnis und Einsatz für andere dagegen sind offene Energien, die wie hier auf der Erde auch im Kosmos sicher besser »ankommen«, im übertragenen wie im Wort-Sinn. Sie sollten also mit Ihren Ritualen nicht immer nur fordern, verlangen, wollen, sondern auch einfach mal Dankeschön sagen; Freude über die Kraft der Natur, das Geschenk der Sonnenkraft, Dankbarkeit über die ewigen Lebensgesetze ausdrücken. Ich selbst vermeide es, irgendein Ritual zu zelebrieren, das auf mehr Geld abzielt. Ein Geldritual steht meiner Ansicht nach nur Menschen zu, die finanziell wirklich in Bedrängnis sind.

Bringen Sie persönliche Aktivität ein

Viele Menschen machen den Fehler, Rituale als »himmlische Magie« zu bestaunen. Sie führen das Ritual ohne genügende innere Anteilnahme nach Vorschrift aus und warten dann passiv, ja paralysiert, ob sich irgend etwas »tut«. Es wird sich nichts tun, das kann ich Ihnen versichern. Wie ich schon sagte, sind wir Menschen handelnde Wesen, die erkennen und darstellen. Wir wollen uns durch unsere Handlungen weiterentwickeln. Insofern sollten Sie ein Ritual als einen persönlichen, darstellenden und schöpferischen Akt betrachten! Als Ihre wirklich *aktive Tat* eines Menschen, der aufgrund seiner Erkenntnisse über spirituelle Zusammenhänge sich aktiv in die große Ordnung der universalen Wirklichkeit eingliedert.

Lassen Sie logische Prinzipien außer acht

Hier werden sich vielleicht viele von Ihnen schwerer tun. Logisch: Logik ist wichtig in unserem Leben. Viele gesellschaftliche Abläufe sind von ihr bestimmt, würden ohne sie zusammenbrechen. Aber es geht hier nicht um die Logik des Intellekts, der weitab vom ganzheitlichen Denken Körper–Geist–Seele liegt. *Von dieser Logik verabschieden* wir uns, wenn wir in unser Ritual eintauchen. Und es wird ganz neues Wissen auf Sie zukommen!

Teil II

Meine sechs fundamentalen Rituale

8 Der Kosmos facht unsere Lebensglut an

Es gibt unzählige Rituale. Sicher ist ein gewisses Spektrum notwendig. Wir müssen aber auch Grenzen setzen, sonst verzetteln wir uns leicht. Auch im Ritual macht es die Klasse, nicht die Masse. Und das ist die Klasse: Meine sechs fundamentalen Rituale in diesem Kapitel nehmen eine Sonderstellung ein. Sie sind Rituale, welche sich direkt an *Planeten* wenden, die unser Leben hier auf der Erde intensiv und auf besondere Weise bestimmen. Eines der sechs Rituale wendet sich nicht an einen Planeten, sondern an Diana, die universale Oberhoheit. Diese Rituale bilden das Fundament, auf dem sich alles für mich aufbaut. Achten Sie darauf, daß der Ablauf und die Zeremonie des Rituals dem Planeten gemäß sind! (Die Abläufe erkläre ich noch exakt.) Es ist ein altes kultisches Wissen, das diese Abläufe hervorgebracht hat, und du solltest sie auch zu akzeptieren lernen. (Um störende Einflüsse ganz auszuschalten, duzen wir uns im Buchteil über die praktische Ritualarbeit.)

Wenn du grundsätzliche Fragen und Probleme hast, solltest du sie mit diesen Ritualen angehen. Kleine Rituale, Alltagsrituale, wie ich sie nennen möchte, haben etwas Spielerisches an sich. Das ist auch gut so. Die zentralen Rituale, die ich elementare Rituale nenne, müssen hingegen richtiggehend zelebriert werden. Ihnen gebührt der nötige Zeitaufwand; sie müssen vorbereitet werden, sie können nur zu bestimmten Zeiten angewandt werden. Es muß ein innerer Ernst vorhanden sein, damit hier die großen Kraftströme ungehindert fließen können. Damit meine ich die Erkenntnis, daß die Wichtigkeit des Vorgangs eine entsprechend hohe Konzentration wert ist. Aber bitte dabei die Mundwinkel oben lassen; bei jedem meditierenden buddhistischen Mönch sehen wir, daß tiefe Konzentration und eine schöne innere Heiterkeit durchaus zusammenpassen.

Zentrale Hexenrituale richten sich an die Großen Kräfte, den Kosmos. Vier dieser Rituale gehen dabei an ganz bestimmte Planeten; eines davon an die generelle universale Kraft. Ich habe bisher schon einiges über die Prinzipien der Rituale gesagt, warum und wie sie wirken. Manchen Menschen muß man dies übrigens überhaupt nicht erklären, die fühlen das auch so, andere sind noch ganz stark durch ihr intellektuelles Schutzschild behindert und können natürliche Schwingungen deshalb nicht fühlen. Wer an diesem Punkt immer noch eine innere Sperre verspürt, ob er diese Rituale »hinkriegt«, sollte diese Grübelei vergessen, statt dessen das Ritual einfach angehen. Zur inneren Hilfe noch einmal ein Bild über die prinzipielle Wirkung des Rituals: Wir wollen eine für uns sehr hilfreiche Energie erreichen. Dies ist eine Energie, die allgewaltig ist, die ursprünglich ist, die es gibt, seitdem es das Sein gibt, die mächtig ist und uns die Wärme, den Antrieb gibt, den wir brauchen. Es ist eine Energie, die wir in dieser Form nicht haben, von der wir nur eine teilweise Entsprechung sind, zu der wir aber über das Ritual Kontakt aufnehmen und uns ihr mit unseren eigenen, typisch menschlichen Energien ankoppeln.

Dinge, die man nicht mit unseren Augen sehen kann, sind leichter zu begreifen, wenn man sie in vergleichenden Bildern beschreibt. Die universale Energie kann sich jeder ganz einfach als das Prinzip des Feuers vorstellen. Da gibt es eine immerwährende große Glut, und wir wollen daran teilhaben, wollen von dort wärmende Energie bekommen, denn brennendes Feuer ist eine Energie, die es nicht in uns gibt (nur im übertragenen Sinn). Wir verfügen aber auch über Energien, mit denen wir Kontakt zur großen Energie Feuer aufnehmen und dieses sogar entfachen können: unseren Atem. Wir pusten und blasen geduldig in die Glut, dann wird das Feuer hochlodern und uns die Wärme spenden, die wir an kalten Tagen brauchen, um zu leben.

Dieses Anfachen des Feuers entspricht dem Ritual. Der Atem ist dabei unsere innere Aktivität, unsere hohe Konzentration auf den Wunsch und das Ziel, das wir haben. Wenn wir nicht ganz konzentriert unsere Energie ins Ritual einbringen, ist das, als würden wir unbewegt vor der Glut sitzen und erwarten, allein dadurch würde das Feuer wieder brennen. Und ebenso, wie wir wissen, daß einmaliges Pusten in die Glut nicht ausreicht und daß hektisches Hineinpusten uns nur schwindlig macht, sondern Feuer sich nur durch ruhiges, gezieltes Pusten auf die Glut entfachen läßt, so müssen wir auch das Ritual angehen: ohne Hektik und mit entsprechenden Wiederholungen. Wir zelebrieren das Ritual am besten dreimal, machen dann dreimal Pause und können es dann wieder dreimal durchführen.

Die sechs Planetenrituale werden an einem bestimmten Wochentag vollzogen; also führen wir das Ritual hier drei Wochen lang je einmal aus, machen dann aber drei Wochen Pause. Nur das universale Diana-Ritual kann öfters hintereinander wiederholt werden, weil es keinen bestimmten Planeten-Tag braucht. Hier können wir das Ritual an drei aufeinanderfolgenden Tagen abhalten, dann folgen drei Tage Pause, danach wieder drei Tage Diana-Ritual. Daß diese Verdichtung ausgerechnet beim Diana-Ritual möglich ist, kommt nicht von ungefähr, denn es ist das Ritual für Gesundheit und daher frei von materiellen Wünschen. Wir haben hier die Möglichkeit, uns vor allem nicht nur für uns selbst, sondern für andere Menschen mit großer Energie einzusetzen.

Wie ich schon erklärt habe, sollte ein Ritual nicht zu sehr fordern und vor allem nicht nur vom Ich bestimmt sein. Du wirst sehen, daß weißmagische Rituale am wirksamsten sind, wenn du sie für andere Menschen machst. Sicher kannst du Rituale für die eigene Gesundheit oder für die Erhaltung einer schönen Partnerschaft durchführen. Noch besser aber wirken sie, wenn ihr das Partner-Ritual zum Beispiel gemeinsam macht oder wenn ein Freund oder eine Freundin für dich das Venus-Liebesritual zelebriert. Du kannst dann wiederum für diesen Freund oder diese Freundin ein eigenes Ritual durchführen. Ich selbst mache schon seit längerer Zeit kaum noch Rituale für mich; meine Klienten und Freunde gehen mir vor.

Wer jedoch keine Personen des Vertrauens hat, kann selbstverständlich Rituale für sich selbst zelebrieren. Sie dürfen nur nicht von blankem Egoismus, der entgegen der Harmonie läuft, bestimmt sein. Wir wissen ja, daß wir nur *mit* und keinesfalls gegen die großen Schwingungen arbeiten können. Gerade das ist ja der Sinn der Rituale – uns an die großen, die kraftvollen Schwingungen anzukoppeln. Reine Egozentrik würde die Wirkung des Rituals auf Null bringen oder sie sogar ins Minus, die gegenteilige Wirkung, verkehren.

Dazu zwei Beispiele: Wer mit einem Partner glücklich zusammenlebt und von diesem auch geliebt wird, kann selbstverständlich ein Venus-Ritual mit dem Ziel machen, diese schöne Partnerschaft möglichst lange zu erhalten. Wer in eine finanziell schlimme Zwangslage geraten ist, dem wird das Jupiter-Ritual helfen. Negativ besetzt wären diese zwei Rituale hingegen, wenn ich mit dem Venus-Ritual ganz besitzergreifend jemanden an mich binden wollte, von dem ich weiß, daß diese andere Person das definitiv nicht mehr will. Oder wenn ich das Jupiter-Geldritual zelebriere, obwohl es mir finanziell recht gutgeht und ich nur mehr möchte. Überlege also immer genau, wenn es um Besitzen-Wollen geht, ob dein Wunsch nicht gegen die kosmische Harmonie verstößt! Solche Rituale können ins Auge gehen!

Der Kosmos kennt unsere Erbsenzählerei mit der Zeit nicht. Er ist Zeit und Nicht-Zeit in einem. Wir machen uns die machtvollen Planeten nicht eben zum Freund, wenn wir unter Zeitdruck an ein fundamentales Ritual herangehen. Wenn du unter Zeitdruck stehst, laß das Ritual sein und überlege lieber in Ruhe, warum du dich ständig unter Zeitdruck bringen läßt. Nicht nur der Venus oder dem Mars, sondern auch dir selber macht das Ritual nur Spaß und wird zum schönen Erlebnis, wenn du es in Ruhe vollziehst. Auch in der Natur wurde nie etwas erzwungen. Alles hat sich unter entsprechendem Zeitaufwand entwickelt.

Ich kann verstehen, daß keiner von uns jahrelang auf Veränderungen warten will. Aber vertraue darauf, daß Rituale wirken; sie tun es seit Urzeiten! Und gib in dein Ritual nicht das Gefühl von Hektik und atemloser Ungeduld, sondern sende Geduld und Freude über diese einzigartige Möglichkeit der Kommunikation mit Bereichen, die doch weit über uns stehen. Laß die Uhren draußen, wenn du jetzt deinen magischen, schützenden Kreis betrittst.

9 Die Vorbereitungen

Für unsere sechs großen Rituale gibt es ein paar grundsätzliche Vorbereitungen. Beginne damit in Ruhe ein paar Tage vorher, denn ohne die gemäße Vorbereitung gibt es möglicherweise Fehler im Ablauf des Rituals selbst, und dieses kann seine Wirkung nicht entfalten.

Wir vermeiden bei den Ritualen alle Formen von Plastik. Nach meiner Erfahrung darf weder beim Altarbrett noch bei Gefäßen Plastik verwendet werden, und auch die Kleidung sollte nicht synthetisch sein. Der Altar kann eine einfache Platte sein, am besten aus Holz; eine Größe von 20 auf 40 Zentimeter genügt. Für Rituale in der Wohnung suchst du dir einen ungestörten Platz aus; am besten wäre es an einer Südwand. An diesem Platz, an dem du regelmäßig Rituale zelebrierst, solltest du auch öfters meditieren. Es ist der Platz, wo nur positive Kräfte arbeiten. Auf die Altarplatte legst du eine Decke, weiß oder in hellen Tönen (von speziellen Ritualen mit speziellen Deckenfarben abgesehen); sie sollte aus Baumwolle oder Leinen sein. Hier nehmen wir auf keinen Fall Seide, denn Seide schützt, indem Schwingungen blockiert werden. Zum Einwickeln und Aufbewahren von Kultgegenständen ist Seide gut, sie schützt vor negativen Strahlungen. Aber die positiven Schwingungen beim Ritual sollen ja freien Lauf haben.

Jedes fundamentale Ritual hat seine Farben. Die haben ihren Sinn. Besonders wichtig ist die Farbe bei den Kerzen, die als Beschwörungs- und Anrufungskerzen dienen. Wir haben dazu auf dem Altar zwei Kerzen, wobei die eine das Ziel symbolisiert, das wir anpeilen, und die zweite Kerze die betreffende Person symbolisiert – die kannst du auch selbst sein. Zudem steht bei den fundamentalen Ritualen außen, am linken und rechten Rand der Altarplatte, jeweils eine weiße Ritualkerze. Diese beiden weißen Kerzen sind grundsätzlich bei jedem der sechs Rituale dabei, denn Weiß verkörpert die ausgewogene, ewige, keine einzelne Komponente eitel hervorhebende Gegenwart aller Farben. Weiß steht für Reinheit, Wahrheit, hohe Spiritualität. Die weißen Kerzen können auch bei jedem Ritual als Ersatz dienen, wenn irgendeine bestimmte gefärbte Kerze gerade nicht zur Hand ist. Ein größerer Vorrat an weißen Kerzen ist also wichtig.

Am besten, du legst dir zudem ein Sortiment mit verschiedenfarbigen Kerzen zu, in Gold (steht für Sonne und Sonntag), Silber und Grau (Mond und Montag), Rot (Mars und Dienstag, Sommer, Feuer-Element), Gelb (Merkur und Mittwoch, Herbst, Luft-Element), Hellblau (Jupiter und Donnerstag), Grün (Venus und Freitag, Frühling, Wasser-Element), Purpurrot (Saturn und Samstag), Blau (Venus, Winter, Erde-Element).

Für jedes Ritual werde ich nicht nur bei den Kerzen, sondern auch für die Kleidung Farben angeben. Kleidung heißt hier nicht, daß man sich in Unkosten stürzen muß, es können ganz einfache Tücher aus Baumwolle oder Leinen sein, die in der Mitte einen Schlitz für den Kopf haben. Ursprünglich sollen Rituale ja nackt gemacht werden – auch die Indianer zelebrierten ihre Rituale nackt –, aber dies ist heute kaum mehr durchführbar, höchstens zu Hause. Es geht hier um eine natürliche Nacktheit, die ohne störendes Dazwischen ganz intensiven Kontakt und Offenheit für und zu den Schwingungen der umgebenden Natur ermöglicht. Der Umhang ist ein für die Energieströme sehr durchlässiges Gewand, weil er die zum jeweiligen Planeten gehörende Farbe hat. Man sollte, wenn irgendwie möglich, nichts drunter tragen und auch barfuß gehen. Im Winter müssen wir hier dann doch mit kleinen Kompromissen leben oder das Ritual zu Hause machen. Aber wenn schon Schuhwerk und leichte Kleidung unter dem Umhang, dann bitte aus Respekt vor dem Planeten mit etwas Geschmack!

Ich faste am Tag des Rituals und trinke nur klares Wasser. Es macht mich offener und reiner, und meine Sinne werden sensibler. Das ist kein Muß, nur ein Vorschlag.

Ich werde oft gefragt, warum eigentlich die Farben wichtig sind. Farben entstammen der Natur und besitzen eine feststehende Bedeutung. Sie haben eine enorme Symbolkraft und gleichzeitig auch eine ganz konkrete, direkte Auswirkung. Farbe ist Licht, das steht fest, seitdem im 17. Jahrhundert Isaac Newton mit einem Prisma das weiße Licht in die Bandbreite der Spektralfarben zerlegte. Seitdem wissen wir auch, daß verschiedene Farben unterschiedliche Wellenlängen haben.

Nach Newton war es dann Johann Wolfgang von Goethe, der mit seiner Farbenlehre einen weiteren großen Sprung nach vorne machte. Goethe sah Rot, Gelb und Blau als elementare Farben, aus denen alle anderen in Mischungen hervorgehen.

Setz dir eine rotgetönte Brille auf, und sofort wird dein Herzschlag sich steigern; setzt du dagegen eine violette Brille auf, gerätst du unversehens in eine meditative Stimmung. Und so wie Farben ganz klar auf den Menschen nach innen wirken, so wirken die Farben auch nach außen – weit nach außen, in dieses All, das keinen Raum und keine Zeit kennt und deshalb auch sehr wohl das Signal unserer winzigen Farbpünktchen begreift, die wir bei unserem Ritual geben.

Für das richtige Verständnis der fundamentalen Rituale mit ihrer starken Betonung auf einer farblichen Ordnung ist es unabdinglich, die Charakterisierungen der Farben zu kennen. Es macht es dir leichter, deine meditative Konzentration in dein Ritual einzubringen.

* Weiß ist die Nicht-Farbe, die bescheiden nach außen wirkt, in Wahrheit aber alle Farben enthält. Weiß ist souverän, klug und rein; Weiß birgt alle positiven Geheimnisse in sich.
* Rot ist die Blutfarbe und regt die Blutzirkulation an. Rot bedeutet Feuer, Mut, Energie, Stärke, Beredsamkeit und Lei-

denschaft, aber auch Wut und Kampfeslust. Rot reißt aus der
Trägheit.
* Gelb steht für die Sonne, die Hitze und das sich ständig
  erneuernde Leben. Gelb regt unseren Intellekt an und schafft
  in hektischen Situationen Zufriedenheit, ohne zu dämpfen.
* Grün symbolisiert die Natur und steht für Neutralität. Grün
  ist das Angebot des Friedens; es entspannt und beruhigt im
  körperlichen Sinne.
* Blau ist der Himmel, die Ruhe im Sinne der Unendlichkeit.
  Wer in die blaue Unendlichkeit blickt, erfährt nicht nur
  Entspannung, sondern auch Stille – wie ein tiefblauer Bergsee
  zurückhaltende Stille signalisiert.
* Orange ist die Farbe der lockeren Fröhlichkeit. Orange
  macht munter, schafft Kommunikation, vertreibt Depressionen
  und Müdigkeit.
* Indigoblau: Ähnlich wie Blau, nur noch viel intensiver; es ist
  die Farbe der Meditation.
* Violett ist ebenso eine geheimnisvolle und meditative Farbe,
  die jedoch direkter dem Geist zugeordnet ist. Es ist die Farbe
  der Kreativität, die aus Inspiration und Intuition entspringt.

Weiter brauchen wir für jedes Ritual einen Topf für die Räucherungen.
Weil für das Venus-Ritual zwingend ein Topf aus Kupfer
vorgeschrieben ist und bei allen anderen fünf Ritualen jeder
Topf aus Metall oder Stein erlaubt wäre, ist es am besten, sich
gleich ein Kupfertöpfchen zuzulegen. Es darf auch ohne weiteres
nur eine kleine, handtellergroße Kupferschale sein.

Für diese Schale brauchen wir eine dünne, zwei bis drei Zentimeter
dicke Schicht Sand als hitzefeste Unterlage für die Räucherung.
Es kann irgendein Sand sein, aber wenn du von einem
Urlaub her selbst Meersand mitgebracht hast, ist dies atmosphärisch
sicher stimmiger.

Für viele Räucherungen brauchen wir getrocknete Blütenblätter.
Deshalb mein Tip: Ich werfe Blumensträuße niemals weg,
sondern lasse eine schöne Blütenauswahl für meine verschiede-

nen Räucherungen übrig. Man kann zu den nachfolgenden Angaben für die Räucherungen der spezifischen Rituale ganz nach eigenem Gusto zusätzlich solche Blätter hinzugeben und auch den Altar selbst mit einigen getrockneten Blütenblättern schmücken.

Wenn wir das Ritual im Freien durchführen – was so oft wie möglich geschehen sollte –, müssen wir zunächst einen geeigneten Platz finden. Das ist ein Platz, an dem wir uns selbst ganz einfach wohl fühlen. Zudem wäre es sehr gut, wenn ein Baum daneben stünde, und drittens sollte er so einsam liegen, daß wir einigermaßen sicher vor Störungen sein können. Wenn er an einer Stelle liegt, an der keine Spaziergänger vorbeikommen, hat das auch den Vorteil, daß wir unseren magischen Kreis dort belassen können und nicht jedesmal einen neuen aufbauen müssen.

Der magische Schutzkreis ist ein wichtiger Teil der Vorbereitung. Er schützt uns während des Rituals vor störenden oder gar negativen Schwingungen und symbolisiert als Linie ohne Anfang und Ende die Ewigkeit des Universums. Er gibt dem Ritual im materiellen Sinne eine geschlossene, kraftvolle Form. Der Kreis soll einen Durchmesser von etwa einem Meter fünfzig haben, eben so, daß wir uns selbst und unsere Utensilien gut unterbringen. Zu Hause können wir ihn aus Papierschnipseln legen oder mit Kreide aufmalen. Im Freien ist es am besten und auch dauerhaft haltbar, wenn wir den Kreis aus Steinen legen. Sie können einen Abstand zwischen zehn und fünfzehn Zentimetern haben. Es dürfen auch kleinere Steine sein, aber es wäre gut, wenn an den vier Himmelsrichtungen jeweils ein größerer Stein liegen würde. Ganz wichtig ist es, den Kreis im Uhrzeigersinn zu legen.

An einem einsamen Ort kann der Kreis dann für immer so bleiben. Aber dennoch muß er vor jedem Ritual neu angeweiht werden. Nur dann bildet er eine schützende Kuppel gegen negative Energien und gleichzeitig eine gute Sende- und Empfangsstation für gute Energien. Diese Anweisung ist also ein ganz zentraler Teil am Beginn jeden Rituals. Vor dieser Anweisung bauen wir unseren Altar mit der Decke drüber auf. Unter den Altar setzt du am besten vier etwa faustgroße Steine; darauf legst du das Brett, auf dieses legst du dann das Tuch in der speziellen Ritualfarbe. Auf dem Tuch positionieren wir die Kerzen, wie in den einzelnen Ritualen beschrieben. Die Kerzen können direkt auf der Decke stehen; sie dürfen in kupfernen Kerzenhaltern stecken oder können auf Steine geklebt werden. Nicht zwingend, aber eine gute Sache ist es, in den Boden der Kerzen jeweils ein Pentagramm einzuritzen. Daß dieses beim Festkleben der Kerzen durch Erhitzen wieder wegschmilzt, macht gar nichts aus.

Dann stellen wir den kupfernen Räuchertopf in die Mitte des Altars und entzünden die Holzkohle. Normale Holzkohle ist umständlich anzuzünden; ich rate, die in esoterischen Läden erhältlichen Zehner-Rollen mit Holzkohle-Tabletten von drei Zentimeter Durchmesser zu kaufen. Sie sind mit Salpeter versetzt, brennen sofort, sprühen Funken und glühen bald. Denn erst wenn die Holzkohle glüht, kann die Räucherung daraufgelegt werden, wobei die Menge eines Teelöffels immer reicht; man kann nach einer Weile ein bißchen nachschütten.

Eben weil die Holzkohle durchglühen muß, verrichten wir diese Vorbereitungen vor der Anweihung des Kreises. Die Räucherung selbst schütten wir erst nach der Anweihung des Kreises auf die Holzkohle. Direkt vor der Kreis-Anweihung zünden wir die Kerzen an, zuerst die beiden weißen Ritualkerzen, dann die farbigen Kerzen, die Wunsch- und die Zielkerze.

Diese Anweihung des Kreises wird dann folgendermaßen durchgeführt: Wir stehen im Kreis und zeichnen mit dem linken Arm ein Pentagramm nach, das eine endlose Linienführung hat.

Und zwar exakt so: Wir fangen bei dem Fünfzack links unten an und führen den Arm steil nach rechts oben. Das ist der Punkt der oberen Zacke genau in der Mitte. Dann führen wir den Arm in derselben Symmetrie nach rechts unten; das ist die Zacke rechts unten. Weiter wird der Arm flach aufwärts nach ganz links gebracht, nicht ganz so weit hoch wie vorher bei der oberen, mittleren Zacke – das ist die Zacke links oben. Nun bewegen wir die Hand waagerecht ganz nach rechts außen, das ist die Zacke rechts oben. Und nun nach links unten zu unserem Ausgangspunkt. Das Pentagramm ist komplett (siehe Bildteil).

Während wir das Pentagramm, mit Gesicht und Brust nach Süden gewandt, in das Element Luft zeichnen, denken oder reden wir den Satz: »Ich weihe diesen Kreis dem Ritual (zur Venus/zum Mars...).« Danach breiten wir beide Arme weit zur Seite, beide Handflächen zeigen nach oben, womit wir uns für die Energien von oben öffnen. Danach knien wir uns hin und geben die Räucherung auf die durchgeglühte Holzkohle. Das alles bitte ganz in Ruhe, ohne alle Hektik, du hast Zeit!

Die fundamentalen Rituale sollen ohnehin eine runde Stunde dauern. Wir sitzen dann bequem im Schneidersitz und begrüßen den jeweiligen Planeten, danken, daß wir zu ihm Kontakt aufnehmen dürfen und tragen dann unseren Wunsch vor. Das muß alles in allergrößter Ruhe geschehen. Danach meditieren wir in Ruhe viele Minuten, konzentrieren uns auf unseren Wunsch, auf die Person, für die wir das Ritual machen und stellen uns sehr bildlich das Ziel vor, das wir anstreben.

Deine Wunschformel, die du ganz frei formuliert hast, kannst du während der Ritualsitzung nach meditativen Pausen mehrmals wiederholen. Am Ende bedankst du dich nochmals und packst in Ruhe deine Utensilien ein. Blumen oder Früchte läßt du am Ort zurück. Sie sind dann dort, wo sie herkommen – bei der Erde.

Die guten Schwingungen, die du empfangen hast, nimmst du mit.

Zelebriere von den fundamentalen Ritualen immer nur eines während eines Zeitraums. Verkrampfe dich nicht verbissen auf den Gedanken, daß dein Ziel so werden muß wie geplant. Es muß nichts werden. Sondern es wird.

10 Liebeszauber in Indigoblau: Venus-Ritual

Die Venus schenkt uns das Ritual der Liebe und der Schönheit. Das ist der Bereich, der unsere wärmsten und edelsten Gefühle weckt und wo wir unsere Herzensbildung entwickeln können. Die Venus strahlt besonders hell am Himmel, und sie ist selbst ein schöner Planet. Und zufällig (Zufall: Es fällt einem etwas zu, es fallen zwei Dinge zusammen!) gehört die Venus zu den inneren, enger an die Sonne gebundenen Planeten.

Das Venus-Ritual ist unter den fundamentalen sechs Ritualen für viele Menschen am wichtigsten. Die Venus verkörpert das Prinzip der Emotionen, von Anteilnahme, von Streben nach Liebe und Nähe, nach Harmonie und offenen Gefühlsbezeugungen. Da geht es nicht nur um die Liebe zwischen Mann und Frau; dieses Ritual eignet sich auch sehr gut für Menschen, die jemandem auf diesem Wege einen starken Strom des Mitgefühls schicken wollen oder auch nur einen deutlichen Wink der Sympathie.

Das Ritual, das den Planeten Venus anruft, ist sehr meditativ, und es wird dir, neben seiner eigentlichen Wirkung, ganz spontan viel Ruhe und Glücksgefühle vermitteln. Wenn es gar nicht anders geht – vor allem im Winter bei extremer Kälte –, kannst du das Ritual in der Wohnung machen. Sonst gilt wie für alle sechs fundamentalen Rituale auch beim Venus-Ritual: Geh hinaus in die freie Natur, dort kann sich der Energietransfer zu den Planeten am besten entfalten.

Das Venus-Ritual ist für alle, wirklich *alle* Fragen in Sachen Liebe und Partnerschaft geeignet. Mit einer Einschränkung, die ich an anderer Stelle schon machte, die aber nicht oft genug betont werden kann: *Du kannst keine Liebe erzwingen!* Die Ehefrau, die nach langer Ehe sich nun ganz ernsthaft nach dem

Erkalten ihrer Liebe einem anderen zugewandt hat oder der nette Bekannte, der an einem leider nun wirklich überhaupt nicht interessiert ist – diese Menschen kannst du nicht per Ritual zu dir zwingen. Die Achtung vor der Natur und vor allen Wesenheiten im Hexenglauben gebietet es, jedem Menschen seinen freien Willen zu lassen.

Aber du kannst vorhandene Energien von Ballast reinigen, sie verstärken, ihnen wieder deutlicher ihre Zielrichtung zeigen, ihnen sozusagen aus einer Verzettelung, einer Verfransung helfen. Das ist erstens legitim und zweitens mit dem Ritual möglich. Ich hatte viele Fälle, in denen ein Partner fremdging oder sich trennen wollte, wo es aber ganz klar war, daß beide sich noch sehr liebten; sie kamen nur mit momentanen Entwicklungen und Problemen nicht zurecht. Oft hatten sich über einen längeren Zeitraum Mißverständnisse eingeschlichen, man redete zu wenig miteinander – vor allem Männer haben ja oftmals das Problem, sich zu öffnen – und plötzlich erschien einem Teil die ganze Beziehung als unangenehm. Die Trennung, der Seitensprung erschien dann als schnelle Lösung, den Gordischen Knoten zu durchschlagen, um sich aus einer dunklen, belastend wirkenden Situation möglichst schnell herauszuwinden. Oft ist es so, daß der Partner, der sich trennt oder trennen will, in seinem tiefen Inneren den starken Wunsch hat, zum Partner zurückzufinden, sich nach außen aber aus lauter schlechtem Gewissen, aus Sturheit oder aus Eitelkeit hart und unversöhnlich gibt. In diesen Fällen, wo bei dem anderen wirklich noch »etwas da« ist, kann das Ritual dieses »Etwas« verstärken und die Glut erneut anfachen. Wo allerdings gar keine Glut mehr vorhanden ist, kann auch kein Ritual etwas bewirken. Hexenrituale und, ganz besonders das Venus-Ritual, sind sehr kommunikative Vorgänge. Wir nehmen Kontakt zu kosmischen Kräften auf und hoffen auf eine positive Antwort. Und wir tun das im starken Zusammenhang mit einer anderen Person.

Voraussetzung für das Venus-Ritual ist also eine große Portion Ehrlichkeit und Sachlichkeit sich selbst gegenüber. Ist da beim anderen Liebe oder Zuneigung, oder rede ich mir nur etwas ein, weil es mein ganz egoistischer Wunsch ist, ihn/sie zu haben bzw. wiederzuhaben? Möchte ich wirklich mit diesem Partner zusammensein, weil ich ehrliche und warme Gefühle für ihn verspüre, oder ist es nur meine entsetzliche Angst vor dem Alleinsein? Oder gar ein finanziell ausgerichtetes Denken, das mich leitet?

Ich habe schon Klienten wieder weggeschickt, wenn ich gemerkt habe, daß es nicht Liebe war, was sie antrieb. Ich sage in diesen Fällen ganz offen, daß ich nichts tun werde, um den Partner wieder zurückzubringen (meist geht es um das Zurückholen eines gegangenen Partners). Dann erkläre ich, wie und in welcher Weise ich sehe, daß beim Klienten selbst ein Problem liegt, daß er erst einmal seine Ängste, seine Rach- oder Eifersucht bezwingen muß. Und ich biete ihm an, in dieser Richtung mit ihm zu arbeiten. Manche sind bereit dazu, und es findet sich dann meist recht schnell ein Weg, den Knoten in ihnen selbst aufzulösen. Das ist ja der erste, wichtige Schritt; erst dann kann man über Partnerschaftsfragen reden. Andere sind uneinsichtig; sie erwarten von mir einfach eine Art Zaubertrick, mit dem ich einen Partner, der gar nicht mehr will, wieder heranholen sollte. Aber das geht eben nicht.

Zugegeben, es gibt einige magische Methoden, auch so jemanden wieder näher zu holen, aber – das hat sich immer wieder bestätigt – das wird dann nur ein ganz kurzes, meist sexuell bestimmtes Hochflackern und endet in der Regel bald und unschön. Andererseits hatte ich sehr viele Fälle, in denen es tatsächlich gelang, über das Venus-Ritual, welches ich für den Klienten inszenierte, zwei Partner wieder zueinanderzuführen. Es war immer wieder so, daß bei beiden dann die früheren Probleme bald durchgesprochen waren und von ihnen einfach abfielen und beide sich wunderten, wie es überhaupt zu so einer Krise hatte kommen können, wo doch die Liebe in Wirklichkeit noch so groß war.

Ich vergleiche eine solche Liebe manchmal mit einem schönen silbernen Schmuckkästchen, das im Laufe der Zeit so dunkel und unansehnlich wurde, daß man gar nicht mehr sieht, was für eine Schönheit, für ein Wert sich darunter verbirgt. So wertlos wirkt das Kästlein, daß es schon weggeworfen werden soll – und da fährt die Energie der Venus wie ein tolles Silberputzmittel über die kleinen Kiste und läßt sie ganz plötzlich wieder in einem herrlichen Glanz erstrahlen. Und man fragt sich bestürzt, wie man je daran denken konnte, dieses Kästlein schon wegwerfen zu wollen.

Unter vielen Liebesritualen, kleinen und großen, ist das Venus-Ritual meines Wissens noch das wichtigste und wirksamste. Es ordnet unsere konfus durcheinanderlaufenden Gedanken- und Gefühlsstrahlungen, bündelt sie wieder auf das Wesentliche und schafft so wieder Licht in ein scheinbares Dunkel – scheinbar, weil es bei noch vorhandener Liebe ein nur momentan und subjektiv empfundenes Dunkel ist. Nach meiner praktischen Erfahrung hat das Venus-Ritual nicht nur Wirkung auf die sogenannte Zielperson, eben den Partner oder potentiellen Partner, um den es geht, sondern es wirkt auch auf den Durchführenden selbst in Liebesdingen klärend, reinigend, ordnend. Gehe also mit Freude und einer sehr positiven Einstellung in dieses elementare Ritual hinein.

Was brauchst du dazu? Natürlich den Platz mit dem Steinkreis im Freien, in der Mitte die vier Steine für die Plazierung des Altarbretts. Neben dem magischen Schutzkreis sollte ein Baum in der Nähe sein, am besten ist ein Laubbaum, aber andere Baumtypen sind auch geeignet. Der Umhang und das Tuch auf dem Altarbrett sollen blau, indigoblau, lachsrot (kein anderes Rot!), giftig-hellgrün oder pink sein. Indigoblau ist sehr schön – warum ich selbst immer pink nehme, kann ich gar nicht erklären; pink spricht mich hier eben besonders an. Rechts und links außen stellst du auf dem Altar je eine weiße Ritualkerze auf. Genau in die Mitte kommt der Hexenkessel, unser Räucherungstopf. Nochmals: Es ist bei der Venus ein absolutes Muß, daß der Topf aus Kupfer ist; die Venus ist sehr empfindlich und mag kein anderes Metall!

Links und rechts neben dem Kessel oder der Schale stellst du die Wunsch- und die Zielkerze auf; welche auf welcher Seite steht, ist unwichtig. Wunsch- und Zielkerze sollen hellgrün, pink, lachsrot oder blau sein; die zwei Kerzen können auch verschiedene Farben haben und müssen wiederum nicht die Farbe der Altardecke haben. Wichtig ist nur, daß es Venusfarben sind. Die Zielkerze stellt im Venus-Ritual den Partner dar, um den es geht; die Wunschkerze ist die Person, die diesen Partner liebt. Das kannst du selbst sein, oder du zelebrierst das Ritual für eine andere Person.

Übrigens muß es da nicht immer um vorangegangene Trennungen oder unglückliche Liebessehnsüchte gehen; du kannst so ein Ritual ruhig auch mal gerade dann vollziehen, wenn es dir in der Liebe prächtig geht. Ich erinnere daran, daß es gut ist, nicht immer nur zu fordern, sondern auch zu danken und dabei einen nur leisen Wunsch mitzugeben. In so einem Fall sollten beide Partner zusammen das Ritual machen, nebeneinander im magischen Kreis sitzen. Die Wunschkerze, das seid dann ihr beide, und euer Ziel ist keine Person, sondern die schöne Vorstellung, daß die Beziehung sich weiterhin so schön entwickelt.

Und bitte: Nicht sagen, liebe Venus, wir wünschen uns, daß die Beziehung so bleibt. Sondern, daß sie sich weiter gut entwickelt. Denn Stillstand, Verharren im Status quo, das mag kein Planet, denn gerade sie sind ewig in Bewegung. Während des Rituals entsteht zwischen Wunsch- und Zielkerze ein energetischer Spannungsbogen, und der verläuft geradewegs über dem Kupfertopf. So trägt die Räucherung den Inhalt dieses Spannungsbogens hinauf zum Element Luft, das einzige der vier Grundelemente (Feuer, Wasser, Erde, Luft), das direkten Kontakt zum All hat.

Du solltest beim Venus-Ritual entweder gar keinen Schmuck oder wenn schon, ausschließlich Kupfer-Schmuck tragen, sonst verärgerst du die Venus, und alles kehrt sich um, es ist eben ein besonders sensibles Ritual. Für die Räucherung besorgst du dir getrocknete Rosenblätter und Nelken (Gewürznelken). Es kann auch eine fertige Venus-Räucherung aus dem Esoterikladen sein. Ein paar Tropfen Rosenöl über die getrockneten Blätter tun gut.

Es ist Freitag, Venustag. Nur an diesem Tag kannst du das Venus-Ritual machen, und zwar tagsüber bis sechzehn, im Sommer bis achtzehn Uhr. Wenn es zu nahe an die Dämmerung herangeht, kann das Ritual leicht ins Negative stürzen. Die beste Zeit ist in der Venusstunde, freitags von fünfzehn bis sechzehn Uhr. Wenn dabei noch Vollmond ist, hast du eine ganz besonders positive Situation, aber das passiert nur alle paar Jahre.

Wer ein bißchen etwas von Astronomie und Astrologie versteht, kann auch nach anderen Sternenstellungen schauen. Denn die Venus sollte möglichst friedlich zu Mars, Neptun und vor allem Saturn (kühlt die Gefühle ab) stehen. Laien können dazu auch Astrologen befragen.

Du hast nun alles vorbereitet, den Kreis, den Altar, die vier Kerzen brennen, die Holzkohle im Topf fängt langsam an durchzuglühen. Nun trittst du aus dem Kreis heraus und weihst mit der Pentagramm-Zeichnung mit der linken Hand in der Luft den Kreis und das Ritual (du kannst dabei ganz schlicht sagen: »Hiermit weihe ich diesen Kreis für mein Venus-Ritual«). Danach öffnest du, wie bei den Vorbereitungen beschrieben, die Arme weit; die Handflächen zeigen nach oben mit innerer Konzentration. Nun kniest du dich im Kreis hin, gibst die Räucherung auf die Holzkohle, verbeugst dich und begrüßt die Venus. Merke dir nun alle Sätze; sie müssen jedesmal, wenn du das Ritual wiederholst, exakt gleich gesprochen werden.

Nach der Begrüßung gehst du in den Schneidersitz, läßt die Räucherung genußvoll auf dich wirken und spürst nach, wie du durch sie Kontakt zu den großen Kräften unserer Natur bekommst. »Schaufle« mit weichen Bewegungen ein wenig von dem Rauch erst in Richtung deines Nabels, dann deines Herzens, nun deiner Nase. Jetzt sagst du deinen Wunsch oder dein Problem. Wenn ich die Venus anspreche, kreuze ich stets die Arme flach vor der Brust; erst lege ich den rechten Unterarm flach auf die Brust, darüber gekreuzt den linken, die Hände legen sich dabei flach auf die gegenüberliegenden Oberarme. Dies ist eine Art harmonisierender Energieschluß im Körper und macht frei für die Öffnung nach außen; ich spüre dann förmlich, wie sich die Antenne – der Baum – und die Räucherung, die meine Botschaft trägt, verbinden.

Du kannst deinen Wunsch auch nur in Gedanken sagen, wenn du nicht sprechen willst oder es die Umstände nicht erlauben. Aber wenn du dich entschließt, mit kräftiger, ruhiger, fast monotoner Stimme zu sprechen, ist alles wirksamer. Bitte keinerlei Hektik! Laß dir Zeit, sitze fast eine Stunde im Kreis, meditiere zwischendrin immer wieder, und dazwischen kannst du deinen Wunsch wiederholen. Meditiere aktiv, also nicht dösen, sondern laß dein Anliegen in dir aufsteigen. Andere Gedanken haben keinen Zutritt; sag dir das so: »Fremde Gedanken haben jetzt keinen Zutritt«, du wirst sehen, es hilft. Visualisiere dabei die angestrebte schöne Lösung! Laß innere Bilder von der Situation in dir aufsteigen, welche du dir wünschst. Das ist nicht platte Tagträumerei, sondern die machtvolle Visualisierung von Gedanken, die mit Hilfe des Rituals Formen annehmen werden.

Am Ende wirst du der Venus danken (»Danke, daß du mir zugehört hast, daß ich dich ansprechen durfte, daß du meinen magischen Kreis hier positiv bestrahlt hast«). Ich mache der eitlen Venus auch immer Komplimente; manchmal lege ich zusätzlich auf dem Altar kleine Kupferplättchen aus, oder ich bringe ihr Früchte mit. Ich lege auch mal ein Laubbaum-Blatt mit ein paar Tropfen Honig darauf hinzu.

Vollziehst du dieses Ritual zu Hause mit einem Kreis aus Schnur oder Kreide (auch hier im Uhrzeigersinn den Kreis ziehen, von der Neun-Uhr-Stellung links vom Altar aus), solltest du grelle Fremdfarben abdecken und das Zimmer möglichst venusgemäß schmücken, das liebt dieser Planet. Es reicht, wenn es ganz billige Baumwolltücher oder eingefärbte Leintücher sind. Rosarote Rosen als Schmuck und Gruß der Natur solltest du jedoch mit ins Zimmer stellen. Grüne Zimmerpflanzen kannst du stehen lassen, die passen zur Venus.

11 Zwiesprache mit der Großen Mutter: Diana-Ritual

Das Diana-Ritual ist das einzige unter den sechs fundamentalen Ritualen, das sich nicht an einen bestimmten Planeten wendet. Dieses Ritual wird besonders ganzheitlich denkenden Menschen wichtig und verständlich sein, denn es wendet sich an das Universum. Diana ist die Göttin des Universums; für uns Hexen ist sie die Große Mutter allen Seins. Nach alten Legenden gebar sie eigens ihre Tochter Aradia, um sie zu uns als Helferin auf diese zerrissene Erde zu schicken (die Parallelen zur Geschichte des Christentums werden jedem auffallen). Aradia wurde am 21. Juni geboren, zur Sonnenwende, darum ist dieser Tag für uns das größte Fest.

Diana steht als das große Prinzip der Ganzheit, der souveränen Betrachtung des Lebens. Weil es kein Planetenritual ist, sind wir nicht an einen bestimmten Planetenwochentag gebunden, und so können wir anstatt mehrere Wochen lang je einmal pro Woche dieses Ritual dichter hintereinander zelebrieren. Wir brauchen bei Diana auch keine Planeten-Konstellation zu beachten. Ein guter Rhythmus ist, es jeden dritten Tag durchzuführen. Es gibt aber auch hier eine besonders günstige Zeit: Donnerstagmittag, zwischen zwölf und sechzehn Uhr.

Die zeitlich verdichtete Gestaltung des Diana-Rituals empfiehlt sich in akuten Fällen. Diana ist nämlich unsere große Helferin in Gesundheitsfragen. Du siehst wieder den Zusammenhang mit dem Universalen, dem Ganzheitlichen: Denn auch nach Ansicht der Hexen kann eine gute Gesundheit nur bei gesundem, ganzheitlichem Denken vorhanden sein. Es trifft sich sehr gut, daß du gerade dieses Ritual häufiger nutzen kannst, denn damit kannst du kranken Menschen helfen und Heilkräfte aktivieren. Natürlich kannst du auch dieses, wie alle anderen Rituale, für dich selbst zelebrieren; aber es ist immer schöner und noch wirksamer, es zu inszenieren, um einer anderen Person zu helfen.

Ähnlich wie das Venus-Ritual ist auch das Diana-Ritual für das Thema Liebe da. Aber eben eher in Verbindung mit Gesundheit. Es ist logisch: Ohne Liebe, ohne liebevolle Zuwendung, kann es keine Gesundheit geben. Wer sich im Ritual für die Gesundung eines anderen Menschen einsetzt, muß diesen auch lieben.

Die Farben des Diana-Rituals sind Weiß und zartes Hellblau für das Altartuch und deinen Umhang. Die Wunsch- und Zielkerze sollen gelb sein; für Diana verwendest du am besten reine Bienenwachskerzen. Tierfedern als Schmuck für den Altar oder an deinem Gewand sind eine gute Beifügung, sie bringen bei Diana Glück. Für die Räucherung brauchen wir Sandelholz und/oder Rosenholz. Es geht aber auch Rosmarin (wilder Majoran). Wichtig beim Diana-Ritual: Links und rechts von unserem Räucherungskessel steht je eine kleine Schale mit klarem Wasser; am besten stellst du diese neben die Wunsch- und die Zielkerze. Brunnenwasser oder frisches Quellwasser sind nicht leicht zu bekommen; klares Leitungswasser können wir ebensogut nehmen.

Auch hier gilt wieder derselbe Ablauf: die Anweihung des Kreises, die Konzentration im Stehen mit seitlich geöffneten Armen, die Begrüßung Dianas und dann die vertrauensvolle Zwiesprache, die Mitteilung des Wunsches an die Göttin des Universums. Dazwischen wieder Meditationen und dann die Wiederholung des Wunschtextes.

Beim letzten Mal, wenn du deinen Genesungswunsch (oder auch nur den Dank für deine Gesundheit und die Bitte, sie zu erhalten) vorgetragen hast, nimm die linke Wasserschale, hebe sie hoch bis vor die Stirn, bitte Diana, sie zu segnen, und konzentriere dich nun – das Glas immer noch vor der Stirn haltend –

darauf, wie die kosmische Energie Dianas in dein Kopf-Scheitelchakra fließt (bildlich kannst du einen hellen, komprimierten Strahl sehen, der angenehm wärmend oben in die Mitte deines Kopfes fließt) und über dein Stirnchakra heraus in die Wasserschale fließt. Dann stellst du die Schale hin und machst anschließend exakt dasselbe mit der Schale auf der rechten Seite. Damit hast du beide Pole angesprochen.

Dieses energetisierte Diana-Wasser in beiden Schalen füllst du am Ende des Rituals in eine Flasche (evtl. einen Trichter mitnehmen). Du kannst das Wasser dann täglich – ein kleines Gläschen voll – gegen innere Probleme trinken (Depressionen, Bauchschmerzen...) oder einmassieren, zum Beispiel bei Ekzemen, Akne, Gelenkschmerzen; auf die Stirn bei Kopfschmerzen. Auch dies machst du täglich einmal. Das Wasser bewahrst du im Kühlschrank auf. Achte darauf, daß beim Trinken oder Einmassieren des Wassers auch eine meditative, auf das Ziel konzentrierte Stimmung herrscht. Ich empfehle, für die Bereitstellung dieses Wassers das Ritual an dem besonders günstigen Donnerstagnachmittag zu machen.

In den stillen Meditationen stellst du dir sehr intensiv die Gesundung der Person vor, für die das Ritual stattfindet. Du stellst dir förmlich etwa vor, wie durch einen kräftigen Windstoß, den Diana sendet, die Bazillen aus dem Körper gepustet werden. Bitte verlange beim Thema Gesundheit nichts Unmögliches! Es geht nicht, einem nahestehenden Menschen, der etwa Aids-infiziert ist, zu helfen, indem man glaubt, man könne alle HIV-Viren aus dem Körper vertreiben. Aber solchen Menschen kannst du dennoch helfen. Du sprichst zu Diana, daß sie ihnen große körperliche Abwehrkraft gibt, um den Ausbruch der Krankheit noch um viele Jahre hinauszögern zu können oder um bei schon ausgebrochener Krankheit den geschwächten Körper zu stärken und zu schützen.

Wenn jemand Krebs hat und vor einer Operation steht, kannst du nicht den Tumor »wegzaubern«, sondern dich im Ritual vielmehr mit all deiner Energie, die du hineinfließen läßt, dafür einsetzen, daß die bösartigen Krebszellen nicht im Körper des Kranken streuen. Ist es jemand, der bereits schwer krank ist, kannst du nicht mehr vollbringen, als ihm Kraft und Ruhe, Schmerzlinderung und Liebe zu schicken – und diese vier Dinge bedeuten für Menschen in dieser traurigen Situation schon sehr, sehr viel.

Wir sind nicht Gott, und deshalb ist es uns auch nicht vergönnt, die Natur oder den Gang der Dinge auf extreme Weise zu »überlisten«. Wenn Krankheiten schon zu weit fortgeschritten sind, kann die Zentrierung, die »Kurskorrektur«, welche Rituale tatsächlich erbringen, meist leider nicht die Gesundung bedeuten. In diesem Stadium würde Gesundung keine Kurskorrektur, sondern eine totale Umkehrung der Situation bedeuten. Die ist mit dem Ritual nicht möglich, wir können nicht aus dunkel hell machen und aus oben unten. Ist eine Krankheit jedoch im Anfangsstadium, oder handelt es sich um eine Bagatellkrankheit, kann das Diana-Ritual enorm unterstützend für die jeweilige Gesundung wirken.

12 Räucherung in Sachen Erfolg: Merkur-Ritual

Im Unterschied zu den bisher beschriebenen Ritualen mußt du mit Merkur, der beim Thema beruflicher Erfolg anzusprechen ist, sehr klar, konkret, sachlich reden, ohne Schnörkel und Gefühlsschilderungen. Merkur hilft nicht nur allgemein beim beruflichen Erfolg, sondern wirkt als Planet der Denker, der Diplomatie und der Redner auch besonders gut, wenn es darum geht, in einem Gespräch eine gute Figur zu machen. Merkur hat nichts mit Gefühlen zu tun; hier bietet sich uns ein Planet mit ordnenden Elementen an. Dabei handelt es sich durchaus um eine geistig hochstehende Ordnung, bei der es um begriffliches Denken und um erkennendes Unterscheiden geht. Es bezieht Methodik mit ein und die Fähigkeit, Dinge auf den Punkt zu bringen. Sicher war dies in Zeiten, in denen Frauen – zumindest öffentlich – wenig zu sagen hatten, eher ein Planet der Männer. Frauen konnten damals das Merkur-Prinzip nur sehr versteckt oder weiblich abgewandelt verwirklichen. Heute sollten gerade Frauen sich im Ritual mit Merkur beschäftigen, denn er hilft uns, für uns selbst und andere Klarheit zu bekommen.

Merkur bedeutet Kontaktaufnahme mit anderen, Offenheit für deren Ideen und Gedanken zu haben und gegenseitigen Austausch zu pflegen. Er ist zuständig für die Kommunikation, den Ausdruck im Verbalen, für die kreative Anwendung der Intelligenz und Geschicklichkeit und das Streben nach objektiven Übereinkünften. Da kann es um einen Vortrag, eine wichtige Konferenz oder um ein Gespräch wegen einer Gehaltserhöhung oder Höherstufung gehen. Aber auch für Menschen, die im Kreis von Kollegen sprechgehemmt sind, ist dieses Ritual sehr geeignet. Es eignet sich generell für alle, die in ihrem Beruf weiterkommen, die an sich arbeiten und alles konzentriert in die richtigen Energiebahnen lenken wollen. Merkur hilft, die richtige Vorgehensweise zu finden.

Ich sagte, Merkur sei sachlich, weit weg von Gefühlen und war in früheren Zeiten sicher kein Planetenprinzip, das Frauen sinnvoll nutzen konnten. Wenn ich nun scheinbar gänzlich widersprüchlich erkläre, daß eine Frau heute in bestimmten Fällen das Merkur-Ritual in einer Liebesgeschichte anstatt oder zumindest zusätzlich zum Venus-Ritual benutzen kann, ist das eine gute Gelegenheit, die kreative Anwendung der sechs elementaren Hexenrituale zu beschreiben. Wer von diesen Ritualen einen wirklich hohen Effekt erwartet, muß sie mit klugem Nachdenken anwenden. So sehr wie das Universum verwoben und eins vom anderen abhängig ist, so ist es spiegelbildlich auch bei uns der Fall. Darum kann man nicht so platt vorgehen und sagen: »Liebe? Ganz klar, Venus-Ritual.« Gerade für Frauen kann in Sachen Liebe der Merkur sehr viel bewirken. Denn immer wieder, wenn Frauen zu mir kommen oder mir über ihre Liebesprobleme schreiben, fällt mir ein generelles Problem auf: Mit der Liebe klappt es nicht, weil die Frauen überquellen vor Gefühlen und diese sogar vielleicht zu sehr zeigen, wodurch sich mancher Mann unter Druck fühlt. Männer dagegen haben eher das Problem mit ihrer Verschlossenheit. Sie befürchten, daß Frauen ihre Denkweise ohnehin nicht verstehen. Schließlich sind Männer in unserer Gesellschaft seit langem dazu erzogen worden, keine Tränen, keine Gefühle, dafür aber stets Vernunft und Logik zu zeigen.

Eine Frau kann sich mit der Anwendung des Merkur-Rituals auf diese Ebene schwingen, und die Barrieren zwischen Mann und Frau könnten vorerst aufgehoben sein. Wenn es die entscheidende Barriere war, überhaupt erst mal sich näherzukommen oder wieder miteinander zu reden, ist das eine gute Lösung.

Mit Absicht sagte ich aber auch »vorerst«. Denn mit dieser Einschwingung auf die etwas sehr einseitige, rationale Denkplattform des Mannes agiert die Frau ja in einem Bereich weit weg von ihrer eigenen Welt. Das Merkur-Ritual hilft hier. Aber dieses Agieren ganz außerhalb des eigenen Energiebereiches kostet Kraft und kann auf diese Weise nur kurzfristig ablaufen. Es könnte sich dann, ist der Partner auch nach dieser gelungenen Kommunikation nicht bereit, sich mehr zu öffnen, herausstellen, daß die beiden Menschen nicht zueinander passen und sich wieder voneinander lösen sollten. Andererseits sind schon manche eigentlich wirklich vielversprechenden Konstellationen zwischen zwei Menschen wieder gleich am Anfang in die Brüche gegangen, nur weil am Anfang diese strukturellen Unterschiedlichkeiten nicht überbrückt werden konnten. Wir sollten lernen, bei den Anwendungsmöglichkeiten der Rituale manchmal ein wenig um die Ecke zu denken.

Die Merkurzeit ist Mittwoch ab Sonnenaufgang bis siebzehn, im Winter bis sechzehn Uhr. Wir tragen einen hellgelben Überwurf; hellgelb ist auch die Altardecke. Wunsch- und Zielkerze sind grün. Als Räucherung nehmen wir Gewürznelken oder eine Merkur-Mischung aus dem Esoterikladen.

13 Bitte nur in wirklicher Geldnot: Jupiter-Ritual

Jupiter gilt vielen als Planet des Optimismus, der Arbeit an höheren Idealen, an der Selbstvervollkommnung, der Weiterentwicklung, der Reife. Dieses Weiterstreben im Schutz des Jupiter ist nach meinen Erfahrungen und meinem Wissen auch stark auf finanzielles Weiterkommen geeicht. Es ist beispielsweise bekannt, daß ein starker Jupitereinfluß bei ganz unentwickelten Menschen sich ins Negative kehrt und man dann häufig Verschwendungssucht, Maßlosigkeit oder etwa den Hang zu Glücksspielen findet. In der Astrologie bezieht sich der Jupitereinfluß mehr auf die Fragen der geistigen Reife und des geistigen Zugewinns. Im Mittelalter stand der Jupiter für das Fortuna Major, das größte Glück – und dieses kann auch sehr materiell sein. Im Hexenritual ist Jupiter eindeutig der Planet, wenn es um finanzielle Dinge geht. Ganz konkret: Wer Geld braucht, zelebriert das Jupiter-Ritual. Jupiter ist in diesem Sinn der Komplementärplanet zu Saturn, denn dieser steht für das starke Bemühen, die Anstrengung, während Jupiter für die Gnade steht.

Deshalb kann es nicht darum gehen, Jupiter um Geld zu bitten, wenn man schon genug davon hat, zumindest ausreichend, um ein geordnetes Auskommen zu haben. Einem Menschen in solch einer Situation noch weiteres Geld zuzuschanzen, hätte nichts mit Gnade zu tun. Die wird nur den Leuten zuteil, die es wirklich nötig haben, die also in einer extremen finanziellen Zwangslage sind.

Rede dir bitte nicht ein, du seist in einem schlimmen finanziellen Engpaß, bloß weil du dir ein größeres Auto wünschst! In diesem Fall wird das Jupiter-Ritual eher gegenteilig wirken, weil die Energiewellen, die von dir ausgehen, dem Jupitersystem nicht entsprechen. Aber wenn es jemandem wirklich schlechtgeht, wird ihm Jupiter sicher eine finanzielle Brücke bauen. Ich betone Brücke bauen, denn mehr als das gibt es nicht bei Jupiter – dieser Planet wird dir höchstens aus der momentanen Patsche helfen. Du solltest ihn also höchstens um exakt die Summe bitten, ohne die du dich existentiell abgewürgt siehst. Niemals aber solltest du ein »Mach-mich-reich« verlangen. Gnade kann uns ja auch nur kurzfristig weiterbringen, wäre sie längerfristig angelegt, würden wir zu sehr auf sie vertrauen und jegliche Eigeninitiative bleiben lassen.

Bei echten Problemen gilt jedoch: Zelebriere ohne Gewissensbisse in solchen Fällen das Ritual und trage ganz offen und klar dein Problem vor, wenn du nach den Vorbereitungen im magischen Kreis sitzt. Aber überziehe dieses Ritual nie, mache es so selten wie möglich!

Jupitertag ist Donnerstag bis siebzehn Uhr – es gibt keine spezielle Stunde. Du räucherst mit Safranpulver und trägst kräftiges Grün oder kräftiges Rot (Kardinalrot), ebenso ist die Farbe des Altartuches. Die Kerzen sind grün. Wie bei Merkur sprichst du auch Jupiter sehr klar, nüchtern, sachlich an. Vergiß nicht, zusätzlich zu deinem Geldwunsch plausibel zu erklären, warum die Summe wirklich nötig für dich ist. Stelle dir in der darauffolgenden stillen Meditation exakt diese Geldsumme ganz plastisch vor, wie sie etwa zu Hause auf deinem Tisch daliegt.

14 Kontakt zum Kämpfer: Mars-Ritual

Mars ist der Kämpfer, der, der sich durchsetzt, der klipp und klar sagt, was Sache ist. In Mars hast du einen Planeten, der dir die Kraft bringt, dich durchzusetzen und bei deiner Umwelt klarzustellen, was du verlangst. Mut und kraftvolle Initiative kennzeichnen das Mars-Prinzip. Zuviel Mars bedeutet Willkür und Gewalt, und so besitzt Mars als Planet des Krieges und der Armeen auch ein negatives Image. Aber der Kosmos kennt keine Moral, sondern nur Energien in verschiedenen Strukturen, die bestimmte Wirkungen auslösen. Wie bei der Energie mit der Struktur Feuer: Auch da liegt es an uns, ob wir damit eine Ritualkerze oder das Haus unseres Nachbarn anzünden. Ich denke, es ist jedem klar, daß alle Planeten-Prinzipien bei falscher Betonung ins Negative kippen, was etwa bei der Venus arrogante Selbstgefälligkeit, beim Merkur eine egozentrisch betriebene Kommunikation, bei der Sonne gockelhafter Stolz im Glauben, etwas Besseres als andere zu sein, oder bei Jupiter Großspurigkeit und Geldgier bedeuten würde. Die Negativseite von Mars ist besonders bekannt. Aber wenn du meine Ratschläge befolgst und die Rituale bewußt benutzt, wirst du auch von den möglichen Entartungen ihrer Kraft verschont bleiben.

Der Mars ist im Ritualbereich wichtig, wenn du generell Probleme damit hast, dich durchzusetzen, oder wenn du dabei ganz akut helfende Energien brauchst. Er beschützt dich vor und bei gerichtlichen Auseinandersetzungen, auf Reisen vor Unfällen, auch nachts vor Überfällen. Hier kannst du dich auch mit einem ganz konkreten Problem an ihn wenden, beispielsweise wenn du auf einem dunklen Nachhauseweg Schutz und Kraft suchst. Mars-Energien korrespondieren mit unseren aggressiven Kräften und der grundsätzlichen Stärke in uns, und sie helfen, wenn diese verschüttet oder eingeschüchtert sind, um sie wieder zu erwecken. Da kann es natürlich auch um die Kraft und Durchsetzungsfähigkeit im Beruf gehen, und wenn es dir speziell um dieses Problem geht, empfehle ich nach einem dreimaligen Mars-Ritual und drei Wochen Pause drei Wochen lang je einmal das Merkur-Ritual durchzuführen.

Mars muß man ganz anders sehen als zum Beispiel die Venus. Während sie das weibliche Prinzip darstellt und Harmonie und Einklang zum Thema hat, haftet dem männlichen Mars eine sehr rudimentäre, dynamische Energie an, die auch expansive Aspekte hat. Ich erinnere nur an den Negativaspekt jedes Krieges. Die gewaltige Marskraft ist auch ganz unterschiedlich zur anschließend beschriebenen Urkraft der Sonne. Während die Sonne eine ruhige, ewige Kraft für unsere generelle Zentrierung ist, kann man die Marskraft nicht als so fein entwickelt ansehen. Beim Mars ist eine Urkraft am Werk, die explosiv ist, die sich entladen will, die daher auch mit eruptiver Triebhaftigkeit zu tun hat. Nicht die Marskraft aber ist gut oder böse, sondern unsere Art, damit umzugehen.

Gewalt und Zerstörung können mit dieser Kraft zusammenhängen, aber auch der motorische Drang eines Menschen, beruflich weiterzuforschen, privat viel zu unternehmen, voller Tatkraft nach besseren Lösungen zu suchen. Aber auch hier lauert stets die Gefahr, sich auf ruppige Weise durchzusetzen. Das Mars-Ritual ist nicht nur für die gut, die durchsetzungsfähiger werden wollen, sondern auch für die, die sich zu grob durchsetzen. Sie können sich an den Mars mit dem Wunsch wenden, diese Kräfte etwas zu zügeln. In den Meditationen beim Mars-Ritual sollten wir uns mit diesem Thema beschäftigen, sich in Bildern eigene Verhaltensweisen vor Augen halten und sensibel werden für jedes Signal, das in den Wochen darauf kommt und uns zeigt, wo und wie wir uns bremsen könnten. Jähzornige Menschen tun gut daran, sich für mehr liebende Harmonie mit dem Venus-Ritual und auch dem Sonnen-Ritual zu beschäftigen.

Als ersten Punkt würde ich Ihnen jedoch raten, im Mars-Ritual Selbsterkenntnis zu betreiben.

Bei einem so kraftvollen Kämpfer wie dem Mars, der mit verbindenden Aspekten nichts am Hut hat, sondern nahe am Thema Entscheidung und Trennung steht, mußt du wirklich vorsichtig sein. Nur wenn du ein zartes, ängstliches Pflänzchen mit wenig ausgeprägtem Selbsterhaltungstrieb bist, solltest du vom Mars intensiv um eine Verstärkung all deiner Kräfte und deines Aggressionspotentials bitten. Wer jedoch zu Wutausbrüchen und dazu neigt, Probleme im Wortsinne mit einem Schlag zu lösen, sollte nicht ausgerechnet Mars um Verstärkung seiner Kräfte bitten. Bei ihm geht es darum, mit Venus und Diana für mehr innere Harmonie und Ausgeglichenheit zu arbeiten. Ich selbst zelebriere das Ritual nur sehr selten, denn durchsetzen kann ich mich recht gut, und wenn man wie ich ein ohnehin impulsiver Mensch ist, kann zuviel Marskontakt eher problematisch werden. Zuviel Aggression schadet ja nicht nur den anderen, sondern bringt auch in die eigene Seele unangenehm viel Unruhe hinein.

Übrigens sind es die Planeten Mars und Merkur, deren Einflüsse auf uns vom heutigen Leistungsprinzip negativ genutzt werden. Merkur wird dabei mit seinen Anlagen, scharf-sachlich und klar zu überzeugen, ausgebeutet; aus dem Mars-Prinzip stammt die dazugehörige Rücksichtslosigkeit. Aber dies sollte nun wirklich niemanden depressiv stimmen. Ich erinnere immer wieder daran, daß die negative Ausbeutung der universalen Prinzipien – wie bei der Schwarzen Magie auch – auf den Verursacher zurückfällt. So wird der rücksichtslose Mensch nach und nach versteinern und in keiner Weise glücklich werden. Willkür, Gewinnsucht, Rücksichtslosigkeit und Karrieregier führen bekanntlicherweise direkt in die Selbstbestrafung, materiell dargestellt durch Herzinfarkte und Magenkrankheiten. Alles, was gegen die Energien läuft, zerstört Harmonien, und weder unserem Körper noch unserer Seele tun solche extremen Disharmonien gut. So siehst du auch hier wieder: Die Natur läßt sich nicht vergewaltigen, sondern sie schlägt irgendwann zurück.

Was jedoch an Negativem auf dich zukommt, das darfst du selbstverständlich auch mit Kraft abwehren. Greife auf das Mars-Ritual zurück, wenn dir jemand schaden will. Ich lehne ja bekanntlich schwarzmagische Praktiken ab und meine, es gibt genügend andere bessere Methoden. So ist es eben nicht nötig, einem anderen mit schwarzmagischen Ritualen schaden zu wollen (die einem auch selbst schaden); wir können uns mit dem Mars-Ritual sehr gut gegen Angriffe von außen wehren.

Sprich den Krieger Mars wie einen Krieger an: sehr direkt, mit fester, klarer Stimme, stelle die Situation prägnant dar. Lege dabei, wenn du magst, einen Dolch – es kann auch ganz einfach ein aufgeklapptes Taschenmesser sein – auf den Altar, dies symbolisiert das Schwert des Mars. Mars-Tag ist Dienstag. Die Mars-Farben sind Zinnober- und Ziegelrot und Lila. Die Kleidung kann also kräftiges Rot sein, auch das Tuch; die Wunsch- und Zielkerze finde ich persönlich in Lila am schönsten. Als Räucherung nimmst du entweder die pure Räucherkohle oder gibst Pfefferkörner darauf.

15 Dank an unsere Energiequelle: Sonnen-Ritual

Dies ist das Ritual, das den größten Planeten unseres Sonnensystems anspricht, der Planet, um den sich im wahrsten Sinn des Wortes alles dreht. Natürlich ist die Sonne besonders für die astrologischen Feuerzeichen Widder, Löwe und Schütze von zentraler Bedeutung, denn die Menschen, die unter diesen Sternzeichen geboren sind, haben als zentrales Lebensthema den immerwährenden Einsatz ihrer Wärme. Als Feuerzeichen müssen sie viel im Freien sein, um die Energie des Sonnenfeuers zum »Nachtanken« aufnehmen zu können. Für diese stets sehr aktiven Menschen sind zum Beispiel die Sommermonate wichtig, hier laden sie sich für den langen Winter auf.

Aber die Sonne ist als spiritueller Energie-Geber auch für alle anderen Menschen enorm wichtig. Während Merkur uns zeigt, wie wir richtig kommunizieren können oder die Venus uns hilft, Zuneigung auszudrücken und gefühlsmäßige Beachtung zu erzielen, erfüllt die Sonne eine ganz grundsätzliche Aufgabe: Sie sagt uns, wenn wir sie oft genug im Ritual ansprechen, wie wir sind, wie wir als ganz spezielles Individuum das Leben um uns wahrnehmen. Die Sonne steht also für unser Persönlichkeitszentrum, sie symbolisiert unser Streben, unsere Mitte zu finden, unseren Wunsch nach ausgewogener Ganzheit, unser Bedürfnis, uns im Leben so weiterzuentwickeln, bis wir »komplett« sind.

Wir sprechen bei Menschen, die uns besonders ruhig, psychisch harmonisch ausbalanciert und doch sehr offen und fröhlich vorkommen, von Menschen mit einem »sonnigen« Gemüt. Das sind tatsächlich Leute, die ganz sicher unter starkem Einfluß des Sonnenprinzips ihre volle Identität gefunden haben. Da ich von vielen tausend Menschen weiß, daß die Sinnfrage sie ihr

Leben lang beschäftigt, bin ich überzeugt, daß das Sonnenritual im Sinne einer Zentrierung der Persönlichkeit sehr wichtig für jeden von uns ist. Im Kapitel über indianische Rituale und indianisches spirituelles Denken kannst du ja auch nachlesen, welch enorme Bedeutung die Sonne für diese Menschen hat (vgl. S. 109).

Im Zusammenhang mit den heilenden Einflüssen auf unsere Persönlichkeitsfindung hat die Sonne noch einen weiteren, positiven Aspekt: Sie ist die archetypisch väterliche, die männliche Kraft, die uns hilft, niedrigere Formen zu erhöhen. So wie der Vater uns früher Dinge erklärt hat und wir als Kinder dadurch wieder eine Stufe weiterkamen im Verständnis unserer Welt.

Daß die Sonne diese Wirkung besitzt, erscheint logisch. Denn wenn sie uns hilft, unsere innere Mitte durch Weiterentwicklung zu finden, dann schließt das ja die Anforderung mit ein, in verschiedenen Lebensbereichen ein höheres Niveau anzustreben. Darum ist es beim Sonnenritual besonders wichtig, sich viel Zeit zum Meditieren zu lassen. Du sollst dich hierbei in Ruhe auf die strahlende Kraft der Sonne konzentrieren, sie in dich hineinfließen und auf ein oder zwei – bitte nicht mehr, sonst verzettelst du dich – deiner Hauptfragen scheinen lassen. Wenn du das öfters machst, werden dir zu diesen Fragen ganz neue Bilder kommen, die dir Wege weisen. Diese Fragen sollten keine Nebensächlichkeiten betreffen, sondern ernsthafte Punkte deines Lebens, bei denen du bei ehrlicher Betrachtung zu dem Schluß gekommen bist, weitergehen zu wollen.

Sonnenanliegen sollen eine Bedeutung für deine Gesamtpersönlichkeit haben, sie hängen mit Fragen nach unserer Selbstbestimmung zusammen und den Problemen, die wir damit haben. Wer sich über das Sonnen-Ritual und generell mit der Sonne intensiver beschäftigt, wird an sich spüren, wie er mehr und mehr Würde, Toleranz und Souveränität bekommt. Vergiß nicht, die Sonne scheint schließlich täglich auf dich und fordert dich auf, mit mehr Bewußtsein mit ihr zu kommunizieren. Begrüße sie doch zum Beispiel an jedem Morgen, wenn du aus dem

Haus gehst und danke ihr wie ein Indianer für den neuen Tag. Die Sonne gibt dir mehr innere Größe, und weil diese wichtig ist im ruhigeren, selbstbewußten Umgang mit der Umwelt, ist es nicht schlecht, eine Zeitlang Sonnen- und Merkur-Ritual (zuständig für Kommunikation!) abwechselnd zu zelebrieren. Der Merkur hilft, die gewonnene Sonnenkraft relativ schnell und ganz konkret im Alltag umsetzen zu können.

Aber vergiß bei dieser Kombination der beiden Rituale nicht, daß die konkrete Anwendung der sonnengeprägten Persönlichkeitssteigerung durch das sehr Sachliche, Zielgerichtete des Merkurischen nicht das einzige Ziel des Sonnen-Rituals ist. Die Kombination ist sehr gut in einer Zeit, in der wir unter innerlicher Leere, Unordnung und den daraus resultierenden Ängsten leiden. Wer aber das Merkurische hier zu sehr und zu lange betont, der banalisiert die eigentliche Sonnenkraft und schneidet sich dadurch selbst den Weg nach oben ab. Denn das Sonnenritual wirkt langfristiger und zielt auf höhere Ziele: die dauerhafte Höherentwicklung und Festigung deiner Persönlichkeit.

Die Sonne steht als gewaltiges Energiezentrum im Zentrum des uns am stärksten beeinflussenden Systems; sie bildet also einen Fixpunkt der Ruhe, während alle anderen Planeten unseres Sonnensystems ständig um sie kreisen.

Meditiere bitte über dieses Bild: Ohne die Sonne würde die Erde aus ihrer Bahn geworfen werden und irgendwo ins Weltall fliegen. Die Sonne hilft allen Planeten um uns zum Licht, denn nur weil sie angestrahlt werden, leuchten sie. Dennoch aber erlaubt sie jedem Planeten eine ganz bestimmte, individuelle Bahn, ganz eigene Laufzeiten und damit ganz eigene Strukturen. All dies kann die höchstaktive Urenergie Sonne auch für dich tun, wenn du dich ihr zuwendest.

Der beste Tag, der Sonnentag, ist der Sonntag. Er ist der Tag der größten Sonnen-Energie. Die beste Tageszeit ist entweder Sonnenaufgang oder Mittagszeit. Die Sonnenfarben sind Gold, Gelb und Orange. Das gilt für Kleidung, Kerzen und Altartuch. Wenn dein Umhang mit goldenen Fäden durchzogen ist, ist das gut; du kannst auch viel goldenen (kann auch nur goldfarben sein, nicht jeder hat schließlich Schmuck aus echtem Gold) Schmuck tragen. Als Räucherung gibt es in Esoterikläden sehr schöne und wohlriechende Sonnenmischungen; wenn du sie selbst zusammenstellst, sollten rotes Sandelholz, Gewürznelke und Safran enthalten sein. Falls du Ambra und Balsamholz bekommen kannst, gib auch das hinzu, das ist aber kein Muß.

Sehr wichtig ist beim Sonnenritual, es nahe am Wasser zu zelebrieren. Das kann im Urlaub der Strand am Meer sein, sonst eignet sich ein Fluß, ein kleiner Bach, ein See oder auch nur ein Teich. Wenn dein üblicher Ritualort ohnehin am Wasser liegt, hast du Glück; sonst mußt du dir speziell für das Sonnen-Ritual einen anderen stillen Platz suchen, bitte auch mit einem Baum in der Nähe. Der Grund ist der Zusammenhang der Urkraft Sonne mit den vier Urkräften, mit denen wir hier zu tun haben: Feuer, Wasser, Luft und Erde. Feuer haben wir durch die Sonne und die Räucherung, auf der Erde sitzen wir, die Luft ist um uns – und nur, wenn wir am Wasser meditieren, beziehen wir auch dieses Element mit ein. Ohne einen Platz am Wasser hat dieses Ritual keinerlei Sinn!

Präge dir auch unbedingt ein: Von der Sonne forderst du nichts. Du bereitest das Ritual wie üblich vor, begrüßt dann die Sonne und bedankst dich bei ihr für die Lebenskraft, die sie dir gibt und die die Entwicklung deiner Persönlichkeit überhaupt erst ermöglicht. Wie bei den anderen Ritualen auch, meditierst du in Ruhe und Stille und dankst dann wieder, mit genau denselben Worten. Das Sonnenritual ist sehr fröhlich; du kannst deinen Dank auch als Gesang darbringen, und nach dem Meditieren kannst du in deinem magischen Kreis auch ein wenig tanzen.

Das lange Meditieren ohne Zeitdruck hat seinen Sinn: Alles, was Lebenskraft hat, entwickelt sich in Ruhe. Die Ungeduld von uns Menschen zerstört in so vielen Lebensbereichen vieles, das geht bis hinein in den ganz banalen Alltag.

Auch im Ritual geht alles auf negative Weise daneben (im besten Fall passiert eben rein gar nichts), wenn du auf »naturfeindliche« Weise, also gegen die großen Schwingungen arbeitest. Darum ist es so wichtig, wirklich auf jeden Planeten in der ihm gemäßen Weise zuzukommen. Besonders gilt dies bei der Sonne, das Zentrum unseres Systems im All.

Meditiere beim Sonnen-Ritual auch über das Zeichen der Sonne: ein geschlossener Kreis, in dessen Mittelpunkt ein Punkt ist. Das Sonnensymbol stellt so auf perfekte Weise die zentrierende Wirkung dieses Planeten dar. Laß das Bild des Sonnensymbols auf deinem geistig-spirituellen Bildschirm leuchten.

Die Öffnung nach oben: Das Ritual verbindet uns mit einer kraftvollen, klaren und hilfreichen Welt. Aber nur, wenn wir uns selbst ganz öffnen. An meinem Ritualplatz angekommen, verbinde ich meine innere Offenheit mit einem äußeren Zeichen: Den Blick nach oben gerichtet, breite ich die Arme aus und biete meine offenen Handflächen dar. © Frank Marius.

Vorbereitung ist Vorfreude: Sie sollten sich Zeit nehmen, Ihren Altar und den Schutzkreis drumherum mit Liebe aufzubauen. Sehr nützlich ist es, die vier Himmelsrichtungen mit großen Steinen oder Steinhäufchen zu betonen (oben). Unten: In dieser Armhaltung meditiere ich sehr gerne. © Frank Marius.

Typische Gestaltung des Venusrituals: Der Hexenaltar ist besonders reich geschmückt. Muscheln, eine Wurzel, etwas Schmuck und an der rechten Seite Blumen – das gefällt dem eitlen Venus-Prinzip. Vorne Wunsch- und Zielkerzen in meiner Venus-Lieblingsfarbe pink, hinten zwei dicke, weiße Ritualkerzen (die dürfen selbstverständlich auch kleiner sein). Sehr wichtig: Der Kessel muß bei der Venus aus Kupfer sein. Rechte Seite: Nach dem Aufbau öffne ich mich nochmals wie ganz am Anfang, das fördert die innere Balance. © Frank Marius.

»Hiermit weihe ich den Kreis für mein Venusritual«: Dieser einfache Satz – man kann und darf es natürlich auch formvollendeter sagen – genügt, wenn wir vor Beginn des Rituals im Kreis stehend diesen weihen, indem wir das heilige Pentagramm-Zeichen in die Luft zeichnen. Die Luft ist das Element, welches die Erde umhüllt und somit Kontakt nach »draußen« hat. Auch wenn der Kreis bleibt, muß diese Weihung doch jedesmal vor dem Ritual erneut durchgeführt werden. Das Pentagramm wird grundsätzlich mit dem linken Arm gezeichnet und links unten begonnen.
© Frank Marius.

Ritualplatz am Wasser: Wer will, kann alle Rituale am Wasser zelebrieren. Ein absolutes Muß ist die Wassernähe beim Sonnenritual, welches uns bei generellen Fragen nach unserer Gesamtpersönlichkeit hilft.
© Christine Strub.

Unsere mächtigen Antennen in Richtung Kosmos: Ich nutze die Kraft der Bäume häufig. Meist setze ich mich während eines Spaziergangs einige Minuten zwischen Bäume. Auch das ist ein Schritt zur Ritualisierung des Alltags. © Frank Marius.

Kleine materielle Hilfsmittel: Viel brauche ich nicht als Hexe. Kelch und Wurzel benutze ich für einige ganz persönliche Rituale, aber ich nehme beides auch ab und zu als Schmuck für den Planetenritual-Altar. Im Bild links ist das Hexagramm in meiner Wohnung zu sehen. Während das Pentagramm die Herrschaft des Geistes (obere Spitze) über die Materie symbolisiert, ist das Hexagramm ein Planetensiegel, das sechs Planeten an den Spitzen symbolisiert – beides sehr machtvolle Bildzeichen. © Christine Strub.

Arbeit für meine Klienten: In meiner Beratung arbeite ich vor allem mit einer Kombination aus Kartenlegen und Numerologie. Damit kann ich meine intuitiven Kräfte am besten verdeutlichen, »erden«. © Christine Strub.

Meine Lieblingskarten: Tarotkarten finde ich sehr gut – aber für noch aussagekräftiger halte ich diese französischen Madame-Lenormand-Karten. Sie sind in Deutschland kaum bekannt. © Christine Strub.

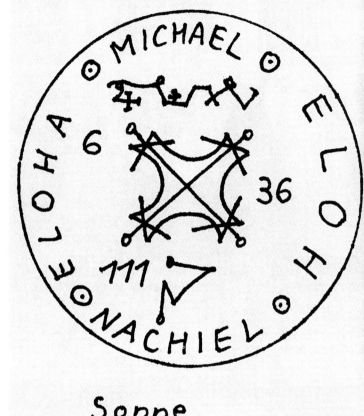

Sonne

Kraft aus der Sonne: Viele Klienten erhalten von mir dieses Sonnenamulett auf Pergament. Es ist fast für jeden Typ Mensch sehr gut geeignet, gleicht aus und verstärkt positive Schwingungen – was wir mit dem Sonnenritual allerdings fast noch besser erreichen. Bild oben: Mein Apachen-Freund Nikiya aus Los Angeles zeigt mir den »Club«, eine tomahawkähnliche indianische Waffe, die immer schon auch bei Ritualen zu den Naturelementen verwendet wurde. © Frank Marius.

Die Weisheit der Natur erspüren: Jeder kann sich für einen besseren Kontakt mit der universalen Natur sensibilisieren. Auch ich mache das immer wieder aufs Neue, es ist eine große Freude, einen ehrwürdigen Baum zu umarmen und seine zarten Schwinungen fühlen zu dürfen.
© Christine Strub.

16 Ritual und Astrologie

Öfter fragen mich meine Freunde, warum ich denn nicht auch zu allen anderen möglichen Planeten Rituale zelebriere, etwa zu Neptun, Pluto oder Uranus. Zwischen der Astrologie und unseren Ritualen besteht ein Unterschied: Die Astrologie ist zunächst nicht mehr als eine Bestandsaufnahme über die Planetenkonstellationen zu ganz bestimmten Zeiten, zur Zeit der Geburt, zur Jetztzeit, auch – da ja die Planetenläufe vorher berechenbar sind – in der Zukunft. Es ist also eine passive Beziehung von unserer Seite aus: Wir erfahren, was die großen, aktiven Gestirne da oben treiben, nicht mehr. Aus dem alten Wissen der Astrologie kann man analysieren, was die Planetenläufe dem einzelnen mit seinem ganz individuellen Geburtshoroskop für kräftige Einflüsse bescheren wird. Man bekommt also eine Art Lebensrahmen mitgeteilt.

Und erst nach dieser sachlichen Erkenntnis können wir aktiv werden. Wir können den vorgegebenen Lebensrahmen, der gewisse Grundenergien bringt, so oder so erfüllen. Nehmen wir zum Beispiel den Uranus, der Planet, der für das Prinzip Veränderung, Umstrukturierung, Neubeginn steht. Unterliegst du in der nächsten Zeit verstärkt einem Uranus-Einfluß, heißt das nicht mehr, als daß deine Struktur in diesem Zeitraum stark von Veränderungen geprägt sein wird. Das ist alles. Was du mit dieser Information tust, ist ganz allein deine Sache; du hast nur von einer Rahmenbedingung gehört, unter der du dein Leben gestaltest! Dies unter anderem: Die Einflüsse der vielen Planeten sind komplex und müssen im Zusammenwirken betrachtet werden; ich greife hier nur ein Einzelbeispiel heraus. Uranus sagt dir also nicht exakt, was passieren wird, und die Astrologie wird dir auch keine Wertung darüber geben, was gut oder schlecht an deinem Tun ist – all das mußt du als Mensch aktiv gestalten, selbst erfahren und schließlich wissen. Dein Weg, zu mehr Bewußtheit zu gelangen.

Die Hilfe, die Planeten uns geben, liegt also nicht etwa in konkreten Prognosen für unsere Lebensgestaltung. Vielmehr bieten uns die Planeten an, ihr Prinzip zu verstehen und dies auf unser Handeln umzusetzen. Im Beispielsfall Uranus heißt das zu verstehen, daß der Veränderungsdruck durch einen starken Uranus im Horoskop sich unbedingt Luft machen wird, egal, was wir tun. Wenn wir nichts tun und diesen Druck vielleicht tief innen »irgendwie« spüren, aber doch zu ängstlich oder zu phlegmatisch sind, etwas zu unternehmen, dann ergreifen wir die Chance nicht, die große Energie dieses planetaren Drucks durch unsere eigenen Energien in für uns positive Bahnen zu leiten. Dann wird sich dieser uranische Veränderungsdruck ungezügelt und explosiv freimachen; wir könnten dann zum Beispiel einen größeren Unfall haben. Erkennen wir aber mit Hilfe der Astrologie rechtzeitig solche energetischen Tendenzen der Unruhe und Veränderung, können wir sie ausnutzen und daraus eine große Kraft beziehen für Änderungen, die wir längst angehen wollten.

Im selben Sinn geben die elementaren Rituale dir nur den Rahmen und können dir helfen, Energien zu ordnen und zu verstärken. Rituale machen dir, wenn du vor lauter Wald die Bäume nicht mehr siehst, wie mit einem Buschmesser den Weg frei. Du gewinnst wieder mehr Übersicht. Aber gehen mußt du selbst, und du wirst bald an Wegkreuzungen kommen, wo du selbst entscheiden muß – Hilfe haben dir dafür die Rituale genug gegeben.

Im Unterschied zur Astrologie treten wir beim Ritual mit den Planeten in einen aktiven Kontakt. Wir sprechen direkt den Planeten an und tragen unsere Fragen, unseren Dank oder unsere Probleme vor. Wir begeben uns in ein dichtes Wechselspiel zwischen unseren Energien und denen des Planeten. Während der Astrologe für die Analyse der Einflüsse logischerweise das gesamte Sternenbild, das auf dich wirkt, beachten muß, entscheidest du beim Ritual schon ganz am Anfang: Worum geht es? Zu welchem Ritual greife ich? Wir haben dadurch auch die Freiheit, nur mit ganz bestimmten Planeten zu arbeiten. Meine sechs elementaren Planeten umreißen die generellen Bereiche des Lebens und sind nicht problematisch, weder von ihrer Grundstruktur noch von ihren Stellungen am Himmel her.

Es wäre durchaus denkbar, auch zu einigen anderen Planeten Rituale zu veranstalten. Aber die sind teilweise von ihrer Energie her sehr problematisch oder sie haben (von zeitlichen Ausnahmen abgesehen) meist negative Positionen am Himmel, was das Ritual ins Gegenteil stürzen könnte. Das ist beispielsweise beim Saturn-Ritual der Fall, denn dieser Planet verträgt überhaupt keine Konkurrenz. Er muß daher ganz frei von den beiden zusammengehörenden Polen Mars und Venus sein. Die Saturn-Konstellation müßte noch einige weitere komplizierte Bedingungen erfüllen, bis sie für das Ritual geeignet wäre – und Schutz vor Gewalt, die der Saturn gibt, bekommen wir auch vom Mars.

Auch der Mond, der das Frauenprinzip verkörpert, ist als Ziel des Rituals problematisch. Als Planeten mag ich den Mond, jedoch sind auch hier gute Konstellationen so selten, daß immer die Gefahr der Umkehrung des Ritualziels besteht. Auch ist die Struktur des Mondes nicht ganz einfach. Der Erdtrabant verkörpert im Gegenspiel zur Bewußtheit der Sonne das Unbewußte, welches leider ganz nah am nicht mehr Überschaubaren und Verborgenen liegt. Das Wort »Luna« hat sprachlich mit unserem Wort »Laune« zu tun, und daran erkennst du schon die Gefahr durch die Wankelmütigkeit im Mondprinzip, die dein Ritual schnell kippen könnte.

Der Mond wird passiv von der Sonne angeleuchtet, mal voll, mal halb, mal gar nicht. Sein Prinzip heißt für uns die Erkenntnis, was Außenprägungen, denen wir passiv ausgesetzt sind, für uns bedeuten und welche Gefühle sie in uns erzeugen. Solche Außenprägungen, denen wir uns nicht entziehen können, sind zum Beispiel auch einschneidende frühere Erfahrungen, besonders auch aus der Kindheit. So kann mit dem Mond auch eine Aufarbeitung der Vergangenheit angegangen werden. Für das Heute hat der Mond auch Bedeutung; seine Energien helfen beim Versuch zu erkennen, wie man die Welt sieht, warum man bestimmte Dinge subjektiv ganz anders erlebt als andere Menschen. Du siehst, dies geht tief ins Unterbewußtsein, und so ist der Mond nicht nur wegen der selten geeigneten Stellung (er mußt an einem Montag drei Grad im Krebs stehen, was fast nie passiert) schwierig, sondern auch wegen seiner Struktur und Thematik. Damit gefahrlos umzugehen erfordert astrologisches und psychologisches Wissen. Dennoch ganz kurz: Die Farben der Tücher und Kerzen beim Mond sind Hellgrün, Silber und Weiß, die Räucherung sollte weißen Mohn enthalten.

17 Kosmische Rituale auf einen Blick

Dies ist ein Nachschlage-Kapitel für die Praxis. Bitte lies nur weiter, wenn du dir wirklich die Mühe gemacht hast, das vorherige Kapitel genau zu studieren. Die sechs kosmischen Rituale können dir in konkreten Situationen sehr helfen und werden grundsätzlich deiner Persönlichkeitsentwicklung und deinem Weiterkommen dienlich sein. Aber nur, wenn du sie mit richtigem Grundverständnis angehst und damit die richtige Zielsetzung, Konzentration und Liebe hineingeben kannst – und das im Ritual auch korrekt umsetzt.

Dieses Kapitel ist nur für die gedacht, die diesen Schritt schon getan haben und die Rituale nun dementsprechend praktizieren. Damit du bei kleinen Sachfragen dann nicht laufend im langen Text des vorherigen Kapitels herumsuchen mußt, liste ich hier nochmals das Thema in tabellarischer Kürze auf:

* Außer dem Diana-Ritual sollst du die Rituale nur im Wochenrhythmus je einmal und am vorgegebenen Wochentag zelebrieren.
* Grundsätzlich: Kein elementares Ritual im Dunkeln zelebrieren, auch nicht in der Dämmerung! Sonst kann die Wirkung ins Negative stürzen.
* Vermeide Plastik, auch bei der Kleidung und Altardecke keine Synthetik, nimm nur Naturstoffe. Aber keine Seide, denn Seide blockiert (Synthetik übrigens auch). Möglichst keine Kleidung unter dem Umhang tragen. Blockiert ebenfalls.
* Verwende für die Räucherung generell eine Kupferschale, denn beim Venus-Ritual ist ohnehin nur Kupfer erlaubt.

* Bei Zeitdruck: Laß es sein, verschiebe das Ritual. Der Zeitlosigkeit des Kosmos kannst du dich nur in zeitlicher Ruhe nähern.
* Wenn dir bestimmte Kerzenfarben gerade fehlen, kannst du sie durch weiße Kerzen ersetzen. Ansonsten mußt du dich in allen Punkten an die Farbvorgaben halten.
* Deine Utensilien auf dem Weg zum Ritualplatz sind: Räucherkessel (oder -schale) mit einer Sandschicht drin, Holzkohle, Räucherung, Feuer nicht vergessen, Altarbrett, Altardecke, Umhang, zwei Ritualkerzen und eine Wunsch- und eine Zielkerze, der magische Kreis (aus Steinen, zu Hause aus Kreide oder Papier).
* Ritual-Muster: Magischen Kreis bilden (Himmelsrichtungen betonen), Altar komplett aufbauen (außen weiße Ritualkerzen, Topf in der Mitte, links und rechts daneben Wunsch- und Zielkerze), Holzkohle in Kessel entzünden, im Kreis – nach Süden gerichtet – stehend, zur Anweihung Pentagramm mit linker Hand in die Luft zeichnen, Anweihungssatz mit zur Seite ausgebreiteten Armen, Lotos-(Schneider-)sitz, Räucherung auf Kohle geben, Planeten ansprechen, meditieren, wieder Planeten ansprechen. Faustregel für Ritualdauer: etwa eine Stunde.
* Wichtig: Ansprache an Planeten für eine bestimmte Frage stets in gleichen Sätzen. Und: immer mit Dank an Planeten verbinden.
* Ritual auch für andere Personen machen, nicht nur immer für sich selbst zelebrieren.

Das Venus-Ritual

Prinzip: Liebe, Harmonie
Ansprache: gefühlvoll, mit Verehrung
Tag: Freitag
Kerzen: Hellgrün, Pink, Lachsrot, Blau

Tuch: Hellgrün, Pink, Lachsrot, Indigoblau
Umhang: wie Tuch
Räucherung: Rosenblätter, Gewürznelken oder Venus-Mischung
Besonderheiten: Bei der Venus nur Kupfer als Metall verwenden. Grelle Fremdfarben um den Ritualplatz vermeiden bzw. abdecken (betrifft vor allem die Wohnung); eventuell Früchte, kleine Kupferplättchen und Honig auf den Altar legen.

Das Diana-Ritual

Prinzip: Gesundheit
Ansprache: gefühlvoll
Tag: Donnerstag zwölf bis sechzehn Uhr
Kerzen: Gelb
Tuch: Weiß, zartes Hellblau
Umhang: wie Tuch
Räucherung: Sandelholz, Rosenholz, Rosmarin
Besonderheiten: Federn als gute Beifügung. Wasser, zwei Wasserschalen, Flaschen zur Energetisierung des Wassers. Dieses Ritual darf an jedem Tag gemacht werden, dann jeden dritten Tag.

Das Merkur-Ritual

Prinzip: Kommunikation
Ansprache: sachlich
Tag: Mittwoch
Kerzen: Grün
Tuch: Hellgelb
Umhang: wie Tuch
Räucherung: Gewürznelken, Merkur-Mischung

Das Jupiter-Ritual

Prinzip: Selbstverwirklichung, eher materiell orientiert
Ansprache: sachlich, logisch
Tag: Donnerstag
Kerzen: Grün
Tuch: kräftiges Grün, kräftiges Rot (Kardinalrot)
Umhang: wie Tuch
Räucherung: Safranpulver oder Jupiter-Mischung

Das Mars-Ritual

Prinzip: Kampf, Durchsetzung, Expansion, explosive Kraft
Ansprache: direkt, klar, fest, prägnant-sachlich
Tag: Dienstag
Kerzen: Lila, Dunkelrot
Tuch: kräftiges, dunkles Rot
Umhang: wie Tuch
Räucherung: pure Räucherkohle oder Pfefferkörner
Besonderheiten: Messer als Accessoire. Impulsive Kraft des Mars bedenken!

Das Sonnen-Ritual

Prinzip: generelle Lebensenergie, Zentrierung des Ichs
Ansprache: dankend, fröhlich, auch singend
Tag: Sonntag (Sonnenaufgang und mittags)
Kerzen: Gelb, Gold
Tuch: Gelb, Gold, Orange
Umhang: wie Tuch

Räucherung: Rotes Sandelholz, Safran, Gewürznelke, Ambra, Balsamholz
Besonderheiten: Nichts fordern, nur danken; Wasser – Fluß, Bach, Teich, Meer – muß nahebei sein; kann auch an Wochentagen zelebriert werden; goldfarbener Schmuck tut gut.

Teil III

Red-Power-Rituale: der Weg der Indianer

18 Mein Freund, der Medizinmann von Hollywood

Handfeste Grüße aus dem Kosmos bekommen wir schon immer. Auch heute fallen jährlich noch rund 20 000 Meteoriten von mindestens zehn Zentimeter Durchmesser auf die Erde. In der Petrologie – der Wissenschaft von der Gesteinsbildung und -umwandlung – geht man mit Meteoriten heute recht ehrfürchtig um, denn neben denen aus Eisen und anderen Metallen gibt es Meteoriten, die tatsächlich absolutes Urgestein sind. Sie bestehen aus danach niemals geschmolzenen originalen Bestandteilen aus der Zeit der Entstehung des Alls. Damit gehen sie bis auf die Zeit dieser allmächtigen Einigkeit zurück, aus der sich alles entwickelt hat und von der wir letztlich alle abstammen.

Dieser Hintergrund ist wichtig, um folgendes Beispiel zu verstehen. In zwei Sätzen zeigt es den grundlegenden Unterschied in der Haltung der Indianer zur Natur, zum Kosmos im Gegensatz zu der unseren auf. Wenn bei uns früher vom Himmel fallende Meteoriten gesehen wurden, sprach man erschrocken von »Donnersteinen«, welche Not und Elend ankündigen würden.

Wenn die Indianer Nordamerikas Meteoriten vom Himmel kommen sahen, füllte sich ihr Herz voller Ehrfurcht und Glück, denn diese Materie aus unendlich fernen Gebieten des Kosmos waren für sie Götter, die als Himmelsboten zu ihnen auf die Erde kamen.

Und stimmt das nicht? Die katholische Kirche verehrt ein paar hundert Jahre alte Knochen von Menschen als Reliquien. Hier aber kommt doch wirklich Überwältigendes zu uns herab, Reliquien aus der Ursuppe, aus der Zeit des gewaltigen kosmischen Schöpfungsaktes auf die Erde. Die Indianer, voller astronomischer Kenntnisse, die sie ganz ohne technische Geräte gewonnen haben, erkannten die symbolische Bedeutung der Vorgänge. Sie lebten zufrieden im Einklang mit dem All-einigen, weil sie die Prinzipien aller Energieformen begriffen hatten. Daraus entstand eine extrem kraftvolle, faszinierende Magie.

Indianische Magie – es liegt mir sehr am Herzen, auch dieses spannende, große Geheimnis näherzubringen. Denn ich habe indianische Rituale mittlerweile adaptiert; ich habe festgestellt, wie sehr sie in weiten Bereichen den Hexen-Ritualen verwandt sind und wie wirkungsvoll sie sein können. Daß mir das möglich wurde, ist dem zufälligen, also mir gezielt zugefallenen Umstand zu verdanken, daß ich in Los Angeles den Apachen-Schamanen Nikiya kennenlernen konnte. Der 35jährige Indianer besitzt eine unerhörte spirituelle Kraft. Mit seiner Zustimmung zitiere ich ihn in diesem Kapitel ausführlich und schildere Wissen aus dem indianischen Weg, wie es so sicher noch nicht zu lesen war.

Unter all dem Schamanenwissen rund um den Globus, das es schon seit Tausenden von Jahren gibt, war ich neben meiner Hexenarbeit und dem großen Gebiet der alten jüdischen Kabbala schon immer sehr am Wissen der nordamerikanischen Indianer interessiert. Denn ich habe große Analogien zu den Prinzipien meiner Arbeit entdeckt.

Man metzelte die Indianer wie die Hexen zu Hunderttausenden nieder und versucht bis heute, sie zu unterdrücken. Erst seit 1978 dürfen Indianer in den USA ihre eigene alte Religion leben; bis dahin sind sie zu Zwangstaufen gezwungen worden. Im Westen der USA leben sie heute zwar in teilweise sehr großen Reservaten. Das Problem dabei aber ist, daß kaum ein Stamm an dem Platz lebt, wo er ursprünglich beheimatet war. Bis die Indianer ihre Plätze in den jetzigen Reservaten bekamen, wurden sie oft genug herumgeschubst und mußten immer wieder erzwungenermaßen lange Wanderungen in wieder neue Gebiete auf sich nehmen, was viele Alte und Kranke nicht überlebten. So wurde die Zahl der Ureinwohner ohnehin stark dezimiert; die sozialen Probleme bei den noch lebenden Indianern hatten auch in den letzten Jahrzehnten die Folge, daß die Selbstmord- und Alkoholikerrate hier enorm hoch liegt.

Und trotz aller Probleme gibt es ganz außerordentlich kraftvolle Indianer, in körperlicher und spiritueller Sicht – was bei Indianern zusammengehört –, die Mythen und Magie, Rituale, das geschichtliche Wissen, diesen beeindruckenden aufrechten Gang, den festen Blick und die unerbittliche Ehrlichkeit bewahrt haben. Viele haben sicher den Film »Der mit dem Wolf tanzt« gesehen und ein Gefühl des Respekts für diese Menschen mit ihrem untrüglichen Gespür für die großen Kräfte der Natur und des Kosmos bekommen. Es war aber leider nur ein Film, der kurzzeitig auch das soziale Gewissen der Amerikaner gegenüber dieser Mitbürger-Gruppe weckte. Die wahre indianische Kultur ist so weit weg von materieller Bestimmung und so stark von Spiritualität durchdrungen, daß wir, gerade wenn wir mit Ritualen arbeiten wollen, viel von diesen Menschen profitieren können.

Ich traf Nikiya, als ich meine Tochter Adriana besuchte, die als Schauspielerin in L. A. arbeitet. Er ist dort in einem esoterischen Buchladen tätig, berät Kunden, legt ihnen Karten und bringt ihnen sein umfangreiches Wissen nahe, das er sich in jahrelangen Studien mit alten indianischen Medizinmännern zahlreicher Stämme angeeignet hat. Dieser Shop gehört einer amerikanischen Hexe, die jedoch recht menschenscheu ist und deshalb Nikiya die Führung des Ladens weitgehend überläßt. Es gibt dort nicht nur wie bei uns ein paar fertige Räucherungen, Schmuck, Steine, Pendel und viele Bücher, sondern eine Vielzahl an großen, ganz speziellen Ritualkerzen für Liebe, Glück, Gesundheit; es gibt dort die seltsamsten und seltensten Ritual-Pulver-Mischungen für alle möglichen Gelegenheiten. Es gibt etliche frische Kräuter und Wurzeln für Ritualzwecke, unter anderem auch die bei uns verbotene (weil sie Rauschmittelspuren enthält) Mandragora.

Man kann sich denken, daß dieser vollgestopfte Laden für eine Hexe aus Deutschland ein wahres Paradies war. So kam ich natürlich auch bald ins intensive Gespräch mit diesem stattlichen Apachen, und wir spürten nach kurzer Zeit, daß wir auf spiritueller Ebene uns viel erzählen konnten. Wir wurden Freunde, und Nikiya besuchte mich im Frühjahr 1992 einen Monat lang in München. In diesem Zeitraum hat er mit einigen meiner Klienten gearbeitet. Vielen zog er negative Energien aus dem Körper, anderen legte er seine speziellen indianischen Karten, und in einem Fall wurde er zu einem Haus gerufen, das zwar nicht von konkreten Geistern, aber negativen, niederen Energien besetzt war. Er vertrieb diese.

Im Laufe der Freundschaft mit Nikiya erfuhr ich immer mehr über den indianischen Weg und ließ mich von einigen seiner Denkweisen und seiner Rituale stark inspirieren.

Man wirft heute den sogenannten Naturreligionen – gemeint sind die Schamanen und speziell auch der Animismus, der in bestimmten Tieren Gottheiten sieht und jedem Tier eine Seele zugesteht – vor, sie seien ja bloß als verschreckte Reaktion verängstigter »Wilder« entstanden, die hinter jedem Busch und jedem Gewitter gleich einen Dämon sahen. Mit dieser überheblichen Denkweise wird übersehen, daß die Schamanen nicht etwa auf etwas beängstigend Unbekanntes reagiert haben, sondern ganz im Gegenteil sehr aktiv mit Erkanntem agiert haben. Während wir die Natur nur noch mit technokratischen Methoden analysieren und die energetische Dynamik ihrer Zusammenhänge verkennen, erkennen dagegen die Schamanen das großartige Beziehungsgeflecht der Natur. Sie sehen die Beseeltheit jedes Teilchens in der Natur. Sie sehen, daß in jedem Teil – und sei es der winzigste Grashalm – ein Teil vom Ganzen, ein Stückchen Universum, etwas vom *Great Spirit* steckt. Diese Erkenntnis führte das frühere indianische Schamanentum (das zum Glück noch von einigen Indianern bis heute bewahrt wurde) auf zwei wichtige Pfade:

* Durch ihre Sensibilität gegenüber jedem Teil der Natur erlangten die Indianer ihr enorm großes Wissen über Heil-

kräfte von Tausenden von Pflanzen und über meteorologische Abläufe.

* Das Wissen, daß alles auf der Erde ein beseeltes Teil vom Großen Geist ist, verlieh den Indianern Demut. Sie wollten nicht wie andere Menschen hochmütig sich die Natur untertan machen, sondern ordneten sich selbst als ein Teil der Natur in das System ein. Das förderte ihre Spiritualität, denn anders als der Hochmütige, der sich selbst genug ist, sahen die Indianer Nordamerikas die Notwendigkeit, als Teil der Natur mit den anderen Teilen zu kommunizieren: mit Gräsern, mit Bären und Planeten – und zwar mit allen Sinnen, auch den spirituellen. Wie wir es auch mit Hexenritualen tun.

Viele Indianer können heute noch mit Ritualen sich selbst und ihre Umwelt in Einklang bringen und große Kräfte aktivieren, für Heilungen, für die Bewältigung persönlicher Probleme, für den dringend notwendigen Regen. Die Riten sind dabei sehr vielfältig. Die Chippewas schickten leidende Menschen aus dem Dorf, sie mußten große Löcher graben, in diese steigen und ihren Schmerz laut herausrufen. Danach das Erdloch wieder verschließen, wobei sie oft einen Samen einpflanzten, damit aus dem Schmerz nun etwas Gutes wüchse. Andere Stämme schickten verärgerte, eifersüchtige und depressive Menschen ins Flußwasser, um die negativen Gefühle fortschwemmen zu lassen. Die Navajos entwickelten die Sandbilder, wobei aus buntgefärbtem Sand bei Zeremonien geheimnisvolle Bilder, mal klein, mal viele Meter im Durchmesser, auf den Boden gestreut werden. Das uralte Ritual, das Krankheiten heilt, wird heute noch praktiziert. Nach dem Ritual wird das Bild weggewischt: Die indianische Denkweise hält viel vom Leben und weniger vom krampfhaften Versuch, sich an materiellen Manifestationen festzuklammern. Manchmal trägt der Schamane dem Kranken dieselbe Farbe auf wie die im Sandbild auf den kranken Körperteil; damit soll der Patient die gesundmachenden Energien über die Haut in den Körper aufnehmen.

Die spirituelle Welt der Indianer ist voll von Ritualen. Sie bauten nie pompöse Häuser, aber sie tanzen heute noch den Bären-, Wolken-, Schildkröten- oder Büffeltanz – Tänze haben ganz besonders starken Ritualcharakter. Manchmal wird in riesigen Gruppen getanzt, wie etwa beim Maistanz der Pueblos, bei dem Hunderte von Indianern, vom Kind bis zum Alten, antreten, um für Regen und Fruchtbarkeit der Äcker zu tanzen. Pueblo- und Hopi-Indianer arbeiten heute noch mit der Kachina, einer etwa 25 Zentimeter großen Pappelholzpuppe oder auch manchmal -maske, welche die Geister von Ahnen und Kräfte des Universums verkörpert.

Navajos singen heute noch auf den Feldern ihre rituellen Lieder, damit der Mais besser wächst. Und wenn die Weber ganz unauffällig in Teppiche einen speziellen Faden einarbeiten, stellt dieser den »Weg des Geistes« dar. »Changing Woman«, die sich wandelnde Frau, ist die große Gottheit der Navajos. Wie andere Indianervölker fasten auch die Navajos, wenn sie in einem langen Ritual mit den großen Kräften kommunizieren, um böse Einflüsse bewältigen zu können.

Bekommt eine Navajo-Frau Kinder, singt der Vater, der auch selbst die Wiege gebaut hat, ein Lied. Das zeigt, wie diese Menschen von Geburt an mit den Kräften der Natur verklammert werden. Warum sollte man nicht auch bei uns diesen rituellen Text zu einem Säugling sprechen? Der Text lautet: »Ich habe ein Bett für dich, mein Kind, gemacht. Ein hohes Alter soll dir beschieden sein. Aus den Strahlen der Sonne fertigte ich das Unterteil, aus den Wolken die Decke und aus dem Regenbogen machte ich die Unterlage für deinen Kopf.«

Ein kleines Ritual ist es auch, wenn der Indianerfrau kurz vor der Geburt die sonst zusammengesteckten Haare gelöst werden, um so mit symbolischer-ritueller Kraft das Baby zu ent-binden.

Sehr eindrucksvoll ist für mich, daß Indianer die erste Blutung bei Mädchen als schönes Geschenk der Natur feiern. Bei den Navajos wird gleich das ganze Dorf informiert, das Mädchen wird geschmückt und lange in einem »Formgebungs-Ritual«

massiert, was ihr Schönheit geben soll. Während dieser Feier-Tage muß das Mädchen am Abend nach Osten laufen – dorthin, wo die Sonne aufgeht, wo alles neue Leben herkommt, hin zur Fruchtbarkeit.

Kaum jemand kannte so perfekt wie die Indianer die sensiblen Gleichgewichtsstrukturen der Natur und wußte mit ihnen umzugehen. Indianer besaßen zum Beispiel schon seit jeher eine Kenntnis über Pflanzen und ihre Gift- und Heilwirkungen, die man sich teilweise heute noch nicht erklären kann. Während im letzten Viertel des 19. Jahrhunderts in den »modernen« Städten Nordamerikas Krankheiten wie Tbc, Scharlach, Cholera, Typhus und Diphtherie wüteten und die Ärzte ihre Patienten mit sinnlosen Aderlässen vollends zu Tode schwächten, fiel manchem weißen Mann auf, daß Krankheiten, Wunden und Knochenbrüche bei Indianern erstaunlich schnell verheilten. Daß Krankheiten überhaupt im Ansatz bei ihnen nicht so häufig vorkamen. Wenn man das Wissen der Indianer über den Zusammenhang von Körper, Geist und Seele sieht und dazu ihr immenses Wissen über die Wirkung Tausender von Kräutern, Pflanzen, Rinden, dann sehe ich unweigerlich die engen Parallelen zum alten Hexenwissen in Europa oder zum hohen Heilwissen der afrikanischen Voodoo-Magier und -Hexen, mit denen ich in meiner Afrikazeit jahrelang Kontakt hatte.

Gerade im Hinblick auf meine Erklärungen über die Energie-Transformationen bei Ritualen, die zwischen lebenden Organismen – Menschen, Tieren, Steinen, Pflanzen, Planeten – stattfinden, gibt es bei den Indianern eine interessante Erkenntnis: Sie wußten schon immer, daß natürliche Substanzen eine viel größere Heilkraft besitzen als künstliche oder anorganische Substanzen. Denn auch bei biochemisch exakt gleichem Aufbau hat die organische Substanz ganz andere Energie-Kraftstrahlungen. Diese schon sehr alte Behauptung von Indianern wurde mittlerweile mit komplizierten biochemischen Versuchsreihen bestätigt. Man stellte zum Beispiel bei gaschromatographischen Untersuchungen fest, daß natürliches Vitamin C tatsächlich eine wesentlich dynamischere Struktur in sich hat als künstliche Ascorbinsäure. Ich bin auch der Meinung, daß jeder Naturstoff den künstlich hergestellten Produkten überlegen ist: Darum verwenden wir in den Ritualen soweit als möglich natürliche Stoffe, etwa beim Altarbrett oder den Kleiderstoffen.

Ein Leben voller Respekt für die Natur und im Einklang mit der Natur verlangt, zur Natur zu gehen. Besonders heute, wo in den großen Städten viele künstliche Bauten natürliche Schwingungen abschwächen.

19 Visionen: Hilfe vom *Großen Geist*

Die Bäume sind klein, alles wirkt karg in dieser Berglandschaft im Süden Arizonas. Seit Tagen lebt Nikiya hier, ohne Essen. Er trinkt nur Wasser und umgibt sich mit dem wohltuenden Mantel der Stille. Eine Stille, die für die innere Leere steht, das große Nichts, das er für seine Meditation braucht. Eine Stille, die ab und zu auf sanfte Weise durch ein Rascheln im Gebüsch oder das Lied eines Vogels akustisch untermalt wird. Dieser Schmuck symbolisiert für den Apachen seine Koexistenz als Mensch mit den Tieren und der ganzen Natur. Das genau ist Nikiyas Ziel. Mit Hilfe seines Fastens und Meditierens möchte er auf den gemeinsamen Grund dieser Koexistenz gehen; er wird dabei Zeichen von dem Großen Geist bekommen, der alles und alle durchdringt, der alles verbindet und doch jedem einzelnen Teilchen eine ganz individuelle Existenz ermöglicht.

Eine persönliche Existenz ist auch eine persönliche Aufgabe, das weiß Nikiya. Wer die nicht erkennt und lebt, der hat seine persönliche Existenz verschenkt. Darum sitzt er jetzt hier. Er will lernen, seine eigene Wesenheit besser zu erkennen. Das kommt nicht von selbst, dazu muß man alles äußere Blendwerk wegnehmen, alles, was uns ablenkt und satt und stumpf macht, damit wir wieder tiefe Sinne erlernen und den Großen Geist hören und sehen können. Darum ist er in die Berge, in die Stille eingetaucht, darum fastet er seit Tagen.

Er weiß sicher, er wird das nur scheinbar Unhörbare und Unsichtbare hören und sehen. Er muß nur Geduld haben, denn Ungeduld wäre blanker Egoismus und würde seine inneren Augen für die vom Großen Geist geschickte Vision erblinden lassen. Geduld. Ruhe. Stille. Und die innere Freude, daß die Kraft der

Sonne ihm wieder einen Tag auf der schönen Erde geschenkt hat. Auch nicht der Hauch eines Zweifels ist in dem hünenhaften Indianer zu spüren. Aber Freude und Glück. Der Große Geist wird ihm die Vision zuteil werden lassen, die für seinen künftigen Lebensweg so wichtig ist.

Am achten Tag ist es soweit. Die Vision ist da. Ganz klar und deutlich steht ein riesiger Grizzlybär vor ihm. Nikiya hat keine Angst, denn der Bär wurde ihm vom Großen Geist geschickt. Er sieht ihn vollkommen real vor sich, und doch weiß er, daß es eine Vision ist, daß das Sehen des Bären auf einer ganz anderen Energieebene stattfindet. Weißen Menschen würde er das schwer erklären können, denn wer die Reinigung und Feinabstimmung seines Körpers und Geistes durch Fasten, durch Stille und die richtige Einstellung nicht praktiziert, kann dies nicht erleben. Armer weißer Mann.

Der Bär spricht mit Nikiya. Der Indianer weiß nun, daß der Grizzly ihn sein Leben lang begleiten wird, wie jeder Mensch seine Tier-Entsprechung hat – und sie mit der richtigen Anstrengung finden kann. Der Bär ist ein scheuer Begleiter, der in der Natur versteckt im Wald lebt. Er wird nicht immer kommen, wenn man meint, ihn brauchen zu können; er wird nur kommen, wenn er weiß, daß er wirklich gebraucht wird. Er sagt Nikiya, daß er ihn vor Gefahren warnen wird und daß er ihm helfen wird, mit den Energien des Großen Geistes zu arbeiten. Wenn im fernen Los Angeles Menschen von Nikiya über Rituale oder Kartenlegen Hilfe erhoffen, wird der Grizzly dem Medizinmann Nikiya sagen, ob es sinnvoll ist, mit diesem Kunden zu arbeiten oder ob es keine Informationen vom Großen Geist geben wird. Vielleicht, weil es sich nicht lohnt, weil der Große Geist weiß, daß dieser Mensch das Wissen ausschließlich materiell nutzen will oder weil der Große Geist weiß, daß dieser Mensch ohnehin in einigen Tagen aus dem jetzigen Leben scheiden wird.

Nachdem der Grizzly wieder verschwunden ist, weiß Nikiya, daß er als ganz bodenständiger Amerikaner, als sehr weltzugewandter Bürger von Los Angeles seinen Weg weitergehen muß, den Weg der indianischen Heiler und Medizinmänner, in dem sich das unendliche Wissen des Großen Geistes, des Kosmos einen kleinen, aber wichtigen Kanal zu uns Menschen bahnen wird.

20 »Jeder kann Indianer-Rituale zelebrieren«

Nikiya hatte das Erlebnis seiner Vision, das er mir so eindrucksvoll schilderte, vor einigen Jahren, nachdem er sich bereits viel vom alten Wissen indianischer Schamanen verschiedenster Stämme, vor allem der Apachen, Hopis und Navajos, angeeignet hatte. Er lebt als Indianer in einer Weise, die mir als Hexe zutiefst sympathisch ist, weil er sein Wissen über den Großen Geist ganz erdig und konkret im Alltag lebt.

Geist ist übrigens ein etwas unglückliches deutsches Wort dafür, denn wir verwenden es ja auch für Bildung und Intellekt. Hier meinen wir aber den tiefschichtigen Geist, das zivilisatorisch unverbogene Unbewußte. Der Große Geist ist die Schöpfung, die allesverbindende universale Energie, das Nichts; und unser Geist ist die individuelle, mit dem Großen Geist jedoch verbundene Ausprägung davon. Das viel treffendere englische Wort für diesen Begriff von Geist ist »spirit«.

Nikiya geht regelmäßig zum Krafttraining, lacht fröhlich, wenn er im Fernsehen die Showkämpfe beim Ringen sieht und flirtet gern mit schönen Frauen. Aber er steht auch jeden Morgen zwischen vier und fünf Uhr auf, macht Tai-Chi-Übungen und geht dann für zwei Stunden in einen nahegelegenen großen Park, um zu meditieren, mit der Natur zu sprechen und seine Kräfte zu sammeln. Danach kümmert er sich vor Beginn seiner Arbeit in dem Esoterik-Laden in Hollywood um seine sieben Kinder.

Das ist keine ungewöhnliche Mischung, wie manche vielleicht meinen, sondern genau eine harmonische Verbindung von Körper, Geist und Seele. Auch Nikiya warnt vor einer vermeintlichen Spiritualität, die nur das abgehobene Geistige oder nur das Gute sieht. Für ihn hat alles zwei Pole, und alles ist Energie. So dürfe man nicht vergessen, daß auch die Energie negative Pole haben kann. Es sei durchaus für ein vitales Lebewesen richtig, das Böse nicht an sich herankommen, sondern zurück zum Ausgangspunkt abprallen zu lassen. Aus dieser Sichtweise erklärt sich, warum die Indianer gleichzeitig große spirituelle und kriegerische Häupter sein konnten. Ein bewußt im klassischen Geist alten Indianerwissens lebender Indianer wird das Böse auch materiell nicht an sich herankommen lassen, sondern es sehr konkret in die Flucht schlagen. Der Apache sagt: »Das indianische Denken versteht einerseits alle Prinzipien und ist dennoch von jedem ganz leicht zu verstehen. Es kann auch jeder ohne Probleme Rituale wie ein Indianer zelebrieren.«

Nikiya sieht zwischen seiner und meiner Arbeit viele prinzipielle Verbindungen.

Indianer verstehen es, die an sich komplexe Welt mit sehr einfachen Bildern zu beschreiben. Ob es um Heilungen geht oder ob sie wieder einmal gegen die Nutzung der ihnen heiligen Berge für eine Forschungsstation kämpfen, im Vordergrund steht stets die Pflicht zur Erhaltung der Balance aller natürlichen Kräfte, weil alles andere zur Zerstörung der Welt führt.

Nikiya geht ebenso wie ich oder auch asiatische Religionen von der Polarität aus. Er erklärte mir, daß auch die Indianer in allem wie die Asiaten Yin- und Yang-Kräfte sehen: »Weibliche Pole haben Yin-Energie, eine weiche Seele, männliche besitzen Yang, Feuer-Energie. Jeder von uns hat wie alles andere Yin und Yang in sich, und das ist eine Energiespannung, die man mit Konzentration, Spiritualität, mit Ritualen in bestimmte Richtungen lenken kann. Wir finden diese Energiespannung in der ganzen beseelten Natur. Wir nennen das geistesverwandte Magie. Ich bekam in meiner Vision den Grizzly, die Hopis arbeiten mit der Kachina-Puppe, welche Götter und Geister repräsentiert, die Navajos stellen ihre Lebensweisheit in den Sandmalereien dar, die sich aus mehreren Welten zusammensetzt. Diese Symbole werden verwendet, um Kräfte zu mobilisieren. Wenn man solche Kräfte besitzt, kommt es sehr leicht zu Gedankenübertragungen. Wir Indianer verstärken die Kräfte durch spirituelle Begegnungen mit der Natur, das fängt mit so einfach scheinenden Dingen an, wenn wir beispielsweise uns in der Natur ausruhen, bewußt den Boden berühren, um zu wissen, daß wir Teil dieser Erde sind, von der im Verbund mit der Sonne alles Lebenswichtige kommt. Der Großvater heißt Sonne. Die Erde ist der mütterliche Pol, die Großmutter. Und nur mit zwei Polen haben wir Fruchtbarkeit.«

Indianer arbeiten also auch intensiv mit dem Prinzip der Zwei, die Polarität, welche die Einheit zum Ziel hat. Aber auch die Zahl Vier, über die ich bereits ausführlich gesprochen habe, findet sich in der indianischen Ritualmagie. Alle Indianerstämme sehen die Zahl Vier als ein Grundprinzip in der Natur, welches sich in den vier Jahreszeiten, den vier Elementen Luft, Feuer, Wasser und Erde wie auch in den vier Windrichtungen findet. Dementsprechend wird die Vier in indianischen Ritualen sehr betont: Im magischen Kreis, der auch bei vielen ihrer Rituale angelegt wird, begrüßen sie zu Beginn des Rituals jede Himmelsrichtung, dabei wenden sie sich jeweils mit Blick zum Horizont der jeweiligen Richtung zu.

Im Sinne der Entsprechungen sehen Indianer die vier Elemente auch im menschlichen Körper verwirklicht: Feuer, das ist Hitze, Seele, Kraft, Gewalt, Jähzorn, verzehrende Liebe, Gefühle, also ist Feuer auch in uns. Wasser – daraus bestehen wir zu 90 Prozent, wir haben Blut und Tränen und Speichel und Lymphe, und das Wasser symbolisiert die unergründlich tiefen und unerschütterlichen Gefühle. Zu Erde, sagen Indianer, werden dereinst unsere Haut und unsere Knochen, die jetzt aber im Verbund mit den anderen Elementen im Körper aktiv leben. Und die Luft in den Lungen hält den Körper am Leben. Diese vier Elemente müssen nach indianischer Sicht in unserem Körper so ausgeglichen wie in der Natur vorhanden sein. Nikiya meint dazu: »Unser Körper ist der Tempel unseres Geistes und ihn psychisch wie physisch in Harmonie und Bewegung zu halten ist als Basis für Rituale, für spirituelle Arbeit wichtig.« Damit meint er nicht bloße Äußerlichkeiten wie etwa einen extrovertierten Körperkult, der nur das Gesehen-werden, die oberflächliche Außenwirkung zum Ziel hat. Nikiya sagt: »Den eigenen Körper als Tempel zu sehen, heißt nach indianischer Sicht auch durch depressive Phasen zu gehen, seine schlechten Momente kennenzulernen, denn man muß beide Seiten in sich gleich gut kennen, um harmonisch zu sein. Nur wenn man wagt, seine Depressionen anzusehen, sie kennenzulernen, lernt man allmählich, damit umzugehen.«

Im indianischen Schamanismus ist die innere Harmonie eine Voraussetzung für die Arbeit mit Ritualen, bei denen der kraftspendende Kontakt zur Harmonie des *Großen Geistes* gesucht wird. Die vier Himmelsrichtungen werden bei Ritualen nicht nur grundsätzlich begrüßt und respektiert, vielmehr können für bestimmte Ritualzwecke bestimmte Himmelsrichtungen gezielt angesprochen werden. Jede Himmelsrichtung hat in der indianischen Spiritualität ihre spezifische Bedeutung.

Der Norden hat die Farbe Schwarz und repräsentiert die Intelligenz, das Wissen, die sachliche Kenntnis, aber auch die Erdverbundenheit des Körpers, er steht für Fleisch, Knochen, Metall, Asche – was alles zusammengehört, da wir wieder zu Erde werden, wenn wir hier sterben. Der Osten hat die Farbe Weiß, dort ist das indianische Symbol des Adlers, denn der Osten ist die Luft. Leben und Liebe kommen vom Osten, auch alles Heilige. Die Sonne geht im Osten auf, und darum sehen Indianer dort den *Großen Geist,* die lebensspendenden und lebenserhaltenden Energien. Der Süden, die Farbe Blau, ist das Feuer, die Hitze. Er repräsentiert explosive, kurz anhaltende, sehr starke Gefühle, die Angst, den Ärger. Das Feuer des Südens kann positiv wärmen, aber auch verbrennen, verzehrende Angst oder glühender Haß sein. Westen, die Farbe Gelb, schließlich verkörpert das Wasser, die tiefen, ruhigeren Emotionen, die lang anhaltende, auch fürsorgliche Liebe wie die der Eltern zu den Kindern. Indianer verwenden die rituellen Bitten in Richtung

Westen für glücklich Liebende und auf der negativen Seite für solche Personen, die in destruktiven Beziehungen oder Drogenproblemen stecken. Der Westen, wo die Sonne untergeht, steht für den Tod, das Ende, denn da kehrt der Geist zum großen Energiespender, Großvater Sonne, zurück.

Indianer wissen, daß es ein Weiterleben unseres Geistes nach dem Tod gibt, daß alles nur ständiger Wandel ist, wie wir es in den Jahreszeiten in der Natur sehen. Sie sehen den Geist als Energiequelle, den Körper nur als Batterie, die sich an der Energiequelle auflädt. Wenn wir lernen, sagt Nikiya, mit all den Energiekräften des Geistes umzugehen, indem wir sie konzentrieren und im Kontakt mit den Energien in der Natur halten, werden wir auch im Hinblick auf die irdische Lebens-Batterie, den Körper, stärker und kraftvoller.

Diese Einstellung erinnert mich an den esoterischen Grundsatz: »Geist beherrscht Materie«. Den Kontakt zur Natur beherrschen spirituelle Indianer meisterlich. Der Zustand von Wiesen und Bäumen verrät ihnen, ob die Erde an einem bestimmten Ort positiv ist oder nicht; sogar die Wolken, die an den Bergen hängen, erzählen durch ihre Form etwas über den Berg. Indianer verwenden Amulette und Steine als Repräsentanten der Naturkräfte, sie berühren auch voller gedanklicher Konzentration einen uralten Baum und nehmen dankbar von seiner Kraft der Beständigkeit etwas auf. Sie suchen mentalen Kontakt zum Adler, der in den Lüften schwebt, um die Dinge besser sehen zu können. Die mentale Sensibilität war früher so groß, daß sie erspüren konnten, wie weit der Feind entfernt war und wie viele Krieger es waren.

Auch Nikiya warnt immer wieder vor Hochmut. Auch er sagt, dieser Dialog mit der Natur ist nur bei respektvollem Umgang möglich. Die Natur kann uns in Ritualen nur dann große Kräfte verleihen, wenn wir ihre Kräfte ehren. Die Indianer kannten beispielsweise das Wort Abfall nicht, weil es bei ihnen keinen gab und somit auch die Natur damit nicht verunreinigt wurde.

Rituale bestimmen bei Indianern durchgehend das Leben, und

es ist wichtig zu wissen, daß in jedem Ritual stets gedankt wird. Sie danken der Sonne für ihre lichtvolle Kraft, der Erde für ihre Fruchtbarkeit, dem Großen Geist dafür, daß jeder Tag ein Schritt zum Leben ist und für das Geschenk, daß wir unseren Weg selbst entscheiden können. Sie danken im Ritual – und bekommen große Energien von der Natur. Indianische Schamanen haben immer Steine bei sich, denn auch sie wissen von deren großer Energie. Nikiya mag Rosenquarz, den Stein der Freundschaft und Liebe, er könne viel negative Energie auffangen und sei gut, wenn man sich über etwas geärgert habe. Auch in Steinen sehen Indianer Seelen. »Besser« seien Edelsteine, so Nikiya, nur, weil sie stärkere Schwingungen haben als einfache und bei Ritualen deshalb schneller Ergebnisse bringen, vergleichsweise wie ein Schwamm, der besonders viel Wasser aufnehmen kann und deshalb beim Auswinden auch mehr abgibt. Nikiya warnt vor dem Irrglauben, es sei mit dem Kauf eines Steines getan: »Steine nützen uns nichts, wenn wir sie nicht pflegen, so wie ein Gewehr nicht mehr schießen kann, wenn man es nie pflegt. Viele kaufen Steine und verlangen von ihnen, nun müssen sie funktionieren, das ist Egoismus. Ich lege meine Steine alle paar Tage in die Sonne, damit sie Energie tanken können, bei Spaziergängen breite ich sie im Gras aus. Der Stein muß wie ein lebendiges Wesen behandelt werden, man darf ihn nicht vernachlässigen. Wenn ich meine Steine beispielsweise auf einer Reise nicht dabei hatte, spreche ich mit ihnen nach meiner Rückkehr, erzähle ihnen, wo ich war.«

Ich halte diese indianischen Äußerungen für sehr wichtig, denn mir fiel in den vergangenen Jahren auf, daß auf Esoterik-Messen das Geschäft mit edlen Steinen zwar boomt und die Verkäufer der Steine als guten Service schriftliche Unterlagen über die Wirkungen der jeweiligen Steine bereithalten, daß jedoch zu wenig über den Umgang mit den Steinen gesagt wurde. Dadurch meinen viele Leute, daß der Stein an sich schon wirke. Das tut er aber nur, wenn wir mit ihm reden, ihn gut behandeln. Ich nehme meine Steine beispielsweise oft zu meinen Planetenritualen mit und lege sie auf den Altar, so können sie Kraft aufnehmen und auch wieder abgeben.

21 Das Vier-Winde-Ritual

Ihre geheimsten Rituale, die mit geradezu explosiver magischer Kraft wirken können, geben Indianer nicht preis. Sie tun es nicht, weil es das einzige ist, was der weiße Mann ihnen nicht nehmen konnte, und weil sie wissen, welche Kraft sie damit haben. Jeder indianische Schamane ist sich auch bewußt, daß andere Schamanen sofort mit schwarzmagischen Kräften gegen ihn arbeiten würden, wenn er die indianischen Geheimrituale verraten würde.

Dem Apachen Nikiya war es immerhin möglich, mir einige wichtige Prinzipien für die rituelle Arbeit der Indianer und ein indianisches Grundritual, das sich separat für sich durchführen oder sehr sinnvoll in jedes meiner Planetenrituale einbauen läßt, zu beschreiben:

* Bilde aus Steinen den magischen, schützenden Kreis. Betone exakt die vier Himmelsrichtungen mit größeren Steinen oder vier Steinhaufen. Setze dich für einige Minuten meditierend in den Kreis, um innere Ruhe zu finden, welche für den Respekt vor dem Großen Geist erforderlich ist. Stehe nun auf für dein Ritual zu den vier Windrichtungen und wende dich nach Osten.
Du mußt im Osten beginnen, denn der Osten steht immer für den Anfang. Du stellst dich innerhalb des magischen Kreises mit den Fußspitzen direkt an den Steinhaufen, der den Osten anzeigt. Nun blickst du in die Weite, etwas über den Horizont, konzentrierst dich mit wachen Sinnen auf jede Bewegung in der Luft und sagst: »Geist des Ostens, laß mich teilhaben an deiner Kraft, deiner Weisheit und deinen Kenntnissen.«

Dann wendest du dich nach Norden, sprichst dorthin dieselbe Formel (»Geist des Nordens...«), du wendest dich nach Süden und schließlich nach Westen. Danach setzt du dich in die Mitte und machst eine Räucherung mit getrocknetem Salbei und dankst in meditativen Gedanken den Kräften des Großen Geistes, die dir über dieses Grundritual mehr Harmonie und Kraft senden werden.

* Willst du die Kraft dieses indianischen Rituals erhöhen, mußt du über Symbolkraft die Bedeutung der einzelnen Richtungen betonen. Stelle auf die Steine zum Süden eine brennende Kerze; zum Westen Lavendel für Fragen der Heilung oder der fürsorglichen Liebe; oder Rosenblätter für die partnerschaftliche (auch sexuelle) Liebe. Gebe dazu bei Rosenblättern wie auch bei Lavendel etwas Wasser; zum Norden legst du ein Häufchen frische Erde oder deinen liebsten Edelstein; zum Osten gibst du nichts anderes als deinen völlig klaren, offenen Geist für alles Neue.
* Wenn du über das harmonisierende und Geist wie Körper kräftigende Grundritual hinaus ein besonderes Anliegen hast, dann wende dich nach der Ansprache der vier Windrichtungen jener Richtung zu, die für dein Anliegen in Frage kommt. So mußt du dich nach Norden wenden, wenn es um eine sachliche Entscheidung geht, wenn dir beispielsweise jemand ein Ultimatum gestellt hat. Wenn es um Liebe geht, solltest du dich nach Osten und dann auch nach Süden richten, denn der Osten wird dir helfen, Fragen über die Tiefe einer Liebe zu klären; der Süden ist wichtig, wenn es um akute Gefühlsaufwallungen geht, die du nicht recht kontrollieren kannst. Setze dich dabei hinter den Topf mit der Salbei-Räucherung und blicke über den Rauch in die jeweilige Himmelsrichtung. Fächere dabei mit den Händen den Rauch in diese Richtung. Indianer wissen, daß der Rauch speziell für den Menschen da ist. Nur der Mensch kann ihn erzeugen, und er hilft im Ritual dem Menschen, Verbindung zum Großen Geist aufzunehmen.

* Achte beim Vier-Winde-Ritual feinfühlig darauf, aus welcher Richtung der Wind kommt. Meditiere darüber. Wenn beispielsweise der Wind von Süden kommt, ist das eine Nachricht, daß dein Problem über den Bereich der Gefühle gelöst werden kann; kommt der Wind von Norden, solltest du mit deinem sachlichen Denken an die Dinge herangehen. Kommt er vom Westen, kann das ein Zeichen sein, etwas zu beenden und von Osten kommend signalisiert er dir einen Neuanfang. Manchmal umgeben dich Rundwinde, und das ist ein sehr gutes, sehr starkes Zeichen. Denn es heißt, der *Große Geist* ist momentan besonders intensiv für dich da.
* Willst du bei diesem Ritual eine wirklich tiefe spirituelle Kraft wirken lassen und entsprechend starke Energien empfangen, mußt du vorher deine spirituelle Sensibilität auf demselben Wege verfeinern, wie es ein Indianer tut. Dazu mußt du in völliger Abgeschiedenheit für einige Tage, mindestens drei, meditieren. In dieser Zeit solltest du nichts oder nur das Nötigste essen und nur Wasser trinken. Gehe dafür in eine ruhige Gegend, möglichst in eine bergige. Wenn es dir nicht möglich ist, allein im Freien zu übernachten, dann kannst du auch in einer kleinen Ansiedlung in eine Pension gehen; die sollst du aber jeden Tag schon bei Morgengrauen verlassen, um in diesen Tagen möglichst jeden Kontakt mit anderen Menschen zu vermeiden. Verbringe auf jeden Fall den ganzen Tag in der Natur. Setze dich hin und meditiere – leere deinen Geist von Alltagsgedanken und öffne alle deine Sinne ausschließlich für deine jetzige Umgebung. Gehe zwischen deinen Meditationen immer wieder spazieren und schaue dir dabei jedes Teil der Natur an. Und berühre jedes Teil. Umarme Bäume. Lege deine Handfläche fühlend auf Waldboden. Streiche über Grashalme. Höre, fühle und öffne deine Augen. Du wirst sehen, wie schnell sich deine inneren Augen öffnen und dein inneres Ohr zu hören anfängt. Konzentriere dich in Gedanken auf Tiere, denn Tiere verfügen mit ihren ausgeprägten Instinkten und ihrer spielerischen

Lebensart über eine hohe geistige Energie. Wundere dich nicht, wenn du nach vier, fünf Tagen – ohne Geduld wirst du hier nichts erreichen – Besuch bekommst von einem Tiergeist, der mit dir sprichst, den du deutlich vor dir siehst und von dem du doch weißt, daß er im materiellen Sinne nicht real ist. Er ist keine Halluzination, er ist real. Es ist dein Tiergeist, der sich zu dir gesellt. Er wird dich von nun an immer begleiten und in kritischen Situationen bei dir sein. Wenn du diesen meditativen Fastenbesuch in der einsamen Natur jedes Jahr ein- bis zweimal machst, wird sich bei dir im Laufe der Zeit visionäres Wissen einstellen, und deine telepathischen Kräfte werden sich erhöhen. Du wirst dann zum Beispiel im Anblick anderer Menschen spüren, daß Augen nicht nur zum Sehen da sind, sondern Ausstrahlung haben. Du wirst ihnen in die Augen schauen und wissen, ob ihre Zunge ehrlich spricht oder nicht.

* Wie ein Indianer solltest du jede Woche einmal deinen Geist reinigen, indem du deinen Körper von innen heraus reinigst. Das machst du in der Sauna, schweigend und auf deine Geistes-Reinigung konzentriert. Indianer bauen sich dazu eine Schwitzhütte, die wie ein niederes Iglu aussieht. Sie besteht aus einer Reihe von gebogenen, an den Enden in die Erde gesteckten Querästen – das sind die Rippen des Bären. Diese werden oben in der Mitte an einem kräftigen Längsast befestigt, der sich als Bogen über alle Queräste spannt – das ist das Rückgrat des Bären. Darüber liegen Decken – das ist das Fell des Bären. Innendrin werden in der Mitte in ein Loch im Boden sehr heiße Steine gelegt und ab und zu mit Wasser besprengt – das ist das Herz des Bären. Vor dem Eingang wird ein kleiner Erdhügel aufgeschüttet, auf dem zu Beginn des Schwitz-Rituals getrockneter Salbei verglimmt – das ist der Geist des Bären. Stelle dir dieses Bild einer indianischen Bären-Schwitzhütte vor, wenn du meditierend in einer normalen Sauna sitzt. Es wird dich mit der Natur verbinden und helfen, deinen Geist zu reinigen.

* Äußere deine Bitten in Ritualen nicht mit Worten: »Ich muß es haben«, sondern sage: »Ich würde gerne haben« und erkläre auch, warum es wirklich nötig ist.
Verfalle nicht in den Fehler, im Ritual dein Leben in die Hände des *Großen Geistes* legen zu wollen. Der *Große Geist* hat dein Leben gewollt, und er hat dir gleichzeitig die Verantwortung für dein Leben übergeben. Nur wenn du diese Verantwortung akzeptierst, bekommst du helfende Energien. Wenn du dich innerlich schwach fühlst, dann setze dich im Ritual in Richtung Westen und sage in diese Richtung, daß du die Schwäche begraben willst; dann wende dich nach Osten und erzähle, daß du gerade deine Schwäche begraben hast und nun viel Platz, viel Bereitschaft für eine neue Stärke hast.
* Ist dein Leben besonders aus den Fugen geraten, und du hast das Gefühl, so unrund geworden zu sein, daß du es nicht mehr schaffst, Verantwortung für dein Leben zu übernehmen, dann gehe hinaus in die Natur und suche dir eine sehr einsame Stelle. Dort gräbst du ein Loch, es muß nicht groß sein, vielleicht 30 Zentimeter in der Tiefe und im Durchmesser. In dieses Loch schreist du all deinen Ärger, deine Ängste und deine Verzweiflung hinein, so lange, bis dir die Tränen kommen und du dich innen leer und erschöpft fühlst. Dann schaufelst du das Loch wieder zu, drehst dich sofort um, gehst aufrechten Ganges und mit tiefer Atmung in Ruhe nach Hause und kehrst zu diesem Ort nie wieder zurück. Schon am Tage danach wirst du die innere Ruhe gefunden haben, das Vier-Winde-Ritual zu machen und damit neu zu beginnen.
* Indianische Schamanen haben stets zwei kleine Säckchen bei sich, eines ist mit Blütenpollen, das andere mit Eichenasche gefüllt. Beides gibt dir große Stärke. Um Böses von Kindern abzuwehren, streichen wir ihnen beispielsweise mit Blütenpollen ein Kreuz auf die Stirn, welches wieder die vier Richtungen symbolisiert.

* Bei Indianern zelebrieren Frauen in der Zeit ihrer Blutung keine Rituale. Aber nicht etwa, weil die Männer sie für unrein halten. Vielmehr wissen die Frauen selbst, wie sehr diese Tage ihr Inneres in schwer kontrollierbare Veränderungen stürzen und damit die Kanalisierung der Energien in der rituellen Arbeit auf das Ziel stark beeinträchtigen.
* Indianer kennen viele weitere Tabus. Aber denke daran, daß keines von ihnen aus dem Gedanken entstanden ist, andere zu kontrollieren und zu unterdrücken, sondern sie sind nur der Ausdruck des Respekts vor der Natur und des Wunsches, das natürliche Gleichgewicht in uns und um uns nicht zu zerstören.

Teil IV

Die schöne Vielfalt kleiner Riten

22 Sensibiliät spielerisch üben

In diesem Kapitel mache ich dich mit Ritualen ganz unterschiedlichen Ursprungs bekannt. Die elementaren Planeten-Rituale sind meine großen Basis-Rituale; du solltest sie in schöner Regelmäßigkeit zelebrieren. Sie geben dir eine langfristige erhöhte Aufnahmebereitschaft für helfende Energien. Zusätzlich zu diesen sechs großen Ritualen arbeite ich noch mit einer Auswahl verschiedenster Rituale, bis hin zu ganz kleinen, die wir mitten im Alltag und ganz unauffällig anwenden können. Meine Rituale, die ich benutze, habe ich nach einer eher praktisch ausgerichteten Lebensweise ausgewählt. Zu der gehört, daß länger dauernde Rituale – wie die elementaren Planeten-Rituale – neben ihrer eigentlichen energetischen Wirkung spontan auch Spaß und Entspannung bringen müssen, damit jeder auch immer wieder mit Vorfreude an die Sache herangeht. Überdies müssen auch Rituale dabeisein, die sehr einfach, mit relativ kurzem Zeitaufwand zu verwirklichen sind. Aber: Auch das kleinste Ritual braucht immer Ruhe und Konzentration, sonst macht es keinen Sinn!

Gute Rituale für unsere Alltagsbereiche gibt es auf verschiedenen Bereichen. Ich halte nichts von Beschränkungen; für mich ist die einzig reine Lehre das Grundverständnis der großen Energie, die aus dem Nichts, welches das All einmal war, entstanden ist. Für diese große Energie gibt es in den Kulturen rund um den Erdball – von »Nirwana« bis zum »Großen Geist« – viele verschiedene Namen, philosophische, esoterische und rein religiöse Modelle. Das ist gut so, denn wir müssen die Dinge benennen.

Wenn ich nun erkenne, daß, egal in welcher Kultur, einige Grundprinzipien auf einer absolut unumstößlichen Wahrheit beruhen, kann ich mir als bewußter Mensch und weißmagische Hexe diese kulturell verschieden gefärbten Vorgehensweisen ansehen und sie mir zunutze machen.

Laß dir also bitte nicht von wem auch immer weismachen, nur dieses oder jenes System würde funktionieren!

Alle Kulturen haben sehr wirksame Rituale, und wie sehr sich die Prinzipien gleichen, war beim Beispiel der indianischen Rituale zu sehen. Es muß auch so sein, denn das Wort Prinzip kann auch durch Wahrheit ersetzt werden. Und wenn es eine *Wahrheit* gibt, dann kann es nur *eine* Wahrheit geben. Daraus folgt auch, daß dir freisteht, mit irgendeinem Ritual zu beginnen. Jeder sollte genau mit dem Ritual arbeiten, das ihm auf Anhieb sympathisch erscheint. Denn dann folgt man nichts anderem als seiner Intuition, und diese Ritual-Wahl ist ganz sicher die richtige.

Man kann und soll selbstverständlich wechseln. Wir lieben alle Abwechslung. Und da die eigenen Befindlichkeiten von Tag zu Tag, von Jahreszeit zu Jahreszeit und auch von Lebensabschnitt zu Lebensabschnitt wechseln, solltest du frei die verschiedenen Rituale angehen und zu verschiedenen Themen das Ritual nehmen, das dich jeweils anspricht. Ich spreche natürlich nicht davon, von Tag zu Tag zu einem anderen großen Ritual zu hüpfen. Man muß sie, sollen sie Sinn machen, über einen Zeitraum von Wochen zelebrieren. Es sollte dich jedoch nichts hindern, nebenher auch kleinere Alltagsrituale zu benutzen, überhaupt deinen Alltag so gut es geht, mehr zu ritualisieren.

Greife in der Ritualisierung deines Alltags zu den Methoden, die dir in deiner jetzigen Situation und nach deinem Gefühl guttun. Wenn du dich beispielsweise derzeit nicht in der Lage fühlst, große Planeten-Rituale durchzuführen – laß es sein, zwinge dich zu nichts! Unter Druck, Streß und Nervosität schickst du die ganz falschen Schwingungen ab. Mache in einer solchen Zeit kleinerer Eigenkapazitäten lieber kleine Rituale, etwa mit Steinen; die werden dir dann peu à peu wieder die energetische Kraft bringen, die du in die großen Planeten-Rituale hineingeben mußt. Und wenn du dich noch ganz am Anfang fühlst und vor den elementaren Ritualen Scheu besitzt, dann fange mit irgendwelchen der folgenden rituellen Handlungen an: Mit einer kleinen Meditation in der Natur, an einem Baum. Mit einem Stein, den du richtig zu behandeln lernst. Schon damit hast du mit deinen Energien Kontakte aufgenommen und wirst spüren, daß neue belebende Kräfte zu dir zurückkommen. Programmiere dich nicht negativ, denn dann klappt es wirklich nicht. Sei einfach ganz offen – und fange an!

23 Steine: vor allem für die Gesundheit

Einfache Steine bis hin zu wertvollen Kristallen oder Edelsteinen besitzen Energie. So verschieden ihre innere Struktur ist, so verschieden sind ihre eingebundenen Energien und damit auch die Wirkungen in der gegenseitigen Kommunikation mit dem Wesen Mensch.

Damit es keinen Irrtum gibt: Jeder Stein ist gut. Wenn du beim Spaziergang einen Stein siehst, der dir förmlich in die Arme hüpfen will, dann nimm ihn mit und pflege ihn. Jeder, auch der einfachste Stein, kann gut wirken. Kristalle sind nur in ihrer Wirkung schneller, direkter und intensiver, bedingt durch ihre andere Feinstruktur. Und dies um so mehr bei ungeschliffenen Kristallen – je mehr sie geschliffen sind, desto mehr haben wir in ihre natürliche Energetik eingegriffen.

Je mehr du deine Steine liebst und pflegst, je mehr du mit ihnen sprichst, sie reinigst und zum Auftanken in die Sonne legst, desto mehr Kraft geben sie dir. Die Sonne reinigt sie und schenkt ihnen Energie, ab und zu solltest du sie auch unter fließendes kaltes Wasser halten. Wenn du mit Steinen generell »gut kannst«, besorge dir eines der zahlreichen Fachbücher darüber.*

Schon das Sprechen mit Steinen ist ein Grundritual. Meditiere, irgendwo im Park sitzend, mit deinem Kristall in der Hand und konzentriere dich auf ihn.

Vielleicht bekommst du das Gefühl, in die Molekulare des Steins einzudringen. Oder es gelingt dir, mit Hilfe der sprühenden Kristallenergien in dich selbst hineinzuschauen.

---

* Wabun Wind / Anderson Reed: Die Macht der heiligen Steine; Kristallarbeit und Kristallwissen. Goldmann Tb-Nr. 12194

Ein Alltagsritual ist es auch, bei bestimmten Fragen oder Problemen den entsprechend hilfreichen Stein am Körper zu tragen. Also nicht in der Handtasche, sondern in der Hosen- oder Hemdtasche – und bitte öfters den Stein in die Hand nehmen. Lege dir an solchen Tagen diesen Stein auch mit ins Bett, etwa in deine Körpermitte. Drückt er dich, lege ein zusammengefaltetes Handtuch darüber, er ist mit seiner Strahlung dann immer noch nahe genug.

Steine haben auch ihre Zuordnungen zu den Sternzeichen. Wer gerne seinen Stein bei sich trägt – und das halte ich für gut, weil Steine und Kristalle nach meinen Erfahrungen vor allem im Bereich der Gesundheit schützen und heilen –, sollte die Zuordnung kennen. Ich betone, es ist nur eine Zuordnung, wer persönlich einen ganz anderen Stein liebt, tut gut daran, diesen als »seinen Stein« zu betrachten. Jeweils an letzter Stelle füge ich in dieser Liste die indianische Steinzuteilung an, die auf den jahreszeitlichen Veränderungen auf der Erde beruht:

Widder: Rubin, Amethyst, Blutstein; indianisch: Feueropal
Stier: Achat, Saphir, Turmalin, Smaragd; indianisch: Chrysokoll
Zwillinge: Chalzedon, Edeltopas, Aquamarin, Tigerauge; indianisch: Moosachat
Krebs: Mondstein, Perle, Opal, Smaragd; indianisch: Karneol
Löwe: Bergkristall, Diamant, Bernstein, Rubin; indianisch: Granat
Jungfrau: Topas, Jaspis, gelber Saphir; indianisch: Amethyst
Waage: Lapislazuli, Topas, Koralle, Aquamarin; indianisch: Jaspis
Skorpion: Turmalin, Topas, Granat; indianisch: Malachit
Schütze: Topas, Lapislazuli, Türkis, Chalzedon; indianisch: Obsidian
Steinbock: Rubin, Katzenauge, Onyx, Malachit; indianisch: Quarz
Wassermann: Zirkon, Türkis, Aquamarin; indianisch: Silber

Fische: Amethyst, Saphir, Mondstein, Koralle; indianisch: Türkis

Es gibt einige rituelle Übungen mit Steinen, die ich besonders mag:

Kristallkauf

Es ist ganz einfach: Suche dir Kristalle mit dem Auge aus, die dir gefallen. Dann nimm sie nacheinander – ganz ruhig – in die linke Faust und frage dich innerlich: Passen wir zusammen? Anschließend achte auf deine Reaktionen. Wenn du ein feines Vibrieren oder eine Wärme an einem Pol des Steins spürst, dann soll dies dein Stein sein; dann harmonieren eure Schwingungen miteinander. Und nur um den Stein besser kennenzulernen, solltest du ihn später einmal auspendeln und nach dem positiven und dem negativen Pol fragen. Du wirst dich wundern, was für starke Ausschläge das Pendel zeigt, wie stark die polaren Kräfte des Kristalls sind.

Das Auspendeln ist übrigens sehr einfach. Du nimmst ein Pendel – oder befestigst statt dessen einen Ring an einem circa 20 Zentimeter langen Faden – klemmst die Pendelschnur zwischen Daumen und Zeigefinger der rechten Hand, der rechte Ellbogen ist dabei entspannt auf einer Tischplatte aufgestützt und das Handgelenk läßt entspannt die Hand mit dem Pendel hängen. Du schaust konzentriert auf die Pendelspitze, läßt jedoch die gesamte Armmuskulatur dabei völlig entspannt. Nun fragst du innerlich das Pendel in Abständen und ganz ruhig nacheinander: »Was heißt ja? Was heißt nein? Was heißt, ich sage nichts? Was heißt, ich weiß nicht?«

Im allgemeinen wird das Pendel sein Ja mit einem Rechtskreis, das Nein mit einem Linkskreis beschreiben, die beiden anderen Fragen werden wahrscheinlich mit einer horizontalen und einer vertikalen Strichbewegung beantwortet. Jetzt weißt du, wie das

Pendel in deiner Hand antwortet und legst nun den Stein unter das Pendel. Du fragst dich innerlich konzentriert: »Wo ist der Pluspol dieses Steines?« und bewegst dabei vorsichtig das Pendel am Rand des Steines entlang – an einer bestimmten Stelle wird es heftig mit einem Rechtskreis ausschlagen: Das ist der Pluspol. Nun sagst du dem Pendel »Zeige mir jetzt den Minuspol« und gehst wieder den Stein entlang. Der Rechtskreis-Ausschlag wird ziemlich exakt gegenüber dem Pluspol-Punkt kommen. Du kannst auch Fragen stellen wie: »Ist dieser Stein gut für mich? Beruhigt dieser Stein mich? Aktiviert dieser Stein mich?« So kann man per Pendel die exakte Wirkung der Steine herausbekommen. Man darf nur keine Entweder-Oder-Fragen stellen (»Ist der Stein gut gegen Gesundheitsprobleme oder nicht?«), denn solche Fragen kann das Pendel nicht beantworten.

Traumreise

Träume vergessen wir leicht. Schade, denn wir sollten sie ernst nehmen. Denn es ist nicht mehr unsere Alltagswelt, sondern ein tiefschichtigerer Bereich, wenn bei manchen Träumen unser Feinstoffkörper tatsächlich ohne Zeit- und Raumhindernisse auf Reisen geht. Nimm vor dem Einschlafen einen klaren Quarzkristall in die linke Hand und bitte ihn, dir auf deinen Traumreisen zu helfen, dich nur an die angenehmen Punkte zu führen und dir anschließend die Erinnerung daran zu ermöglichen. Schlafe dann mit dem Kristall in der linken Faust ein. Wenn du aufwachst, werden deine Träume präsenter sein, und du solltest sie sofort aufschreiben.

Energie-Subjektivierung

Willst du sicher sein, daß dein Kristall nicht von fremden Energien behaftet ist, halte ihn mit der Spitze nach außen und blase über den Kristall, während du dich gedanklich auf die Entfernung fremder Energie konzentrierst.

Salz-Reinigung

Außer der Sonnen- und Wasser-Reinigung kann man Kristalle sehr gut mit Salz reinigen (so wie ich ja auch ein Bad mit einer Handvoll Salz im Wasser zur persönlichen Aura-Reinigung empfehle). Am besten den Kristall über Nacht in einer Schale im Salz liegen lassen. Salz dann wegspülen, es trägt nun die negativen Energien.

Gesunderhaltung

Nimm deinen liebsten Kristall an einen ruhigen Ort mit. Setze dich auf den Boden und halte ihn in beiden Händen mit der Konzentration auf deine Gesundheit, auf dein Wohlbefinden beziehungsweise auf die Wiederherstellung deiner Gesundheit. Hauche nun in den Kristall, halte ihn dann mit der linken Hand auf kranke oder potentiell störbare Körperstellen und sprich mit kräftiger Stimme und Konzentration nach oben: »Die Heilkräfte des Universums lassen mich gesund bleiben« (beziehungsweise gesund werden). Halte den Kristall noch eine meditative Zeitlang auf die Körperstelle. In akuten Fällen solltest du dies mehrmals täglich wiederholen.

Ein weiteres Mittel ist es, bei sich ankündigenden kleinen Krankheiten wie etwa Erkältungen, sich den Stein – hier am besten einen Quarz – mehrmals täglich an eine Schläfe zu halten und auf die Abwehr zu konzentrieren.

Aura-Reinigung

Streiche, wenn du an unangenehmen Orten oder in undefinierbaren Menschenmengen warst, deinen Körper mit deinem vorher gereinigten und im besten Fall mit Sonne frisch »geladenen« Kristall an allen vier Seiten ganz langsam vom Scheitel bis zur Sohle den Körper entlang, in einigen Zentimetern Abstand von der Haut. Konzentriere dich dabei auf das Absaugen negativer Energien. Anschließend den Kristall mit Salz abreiben, Salz wegspülen. Konzentriere dich dabei ganz und gar auf die Beseitigung des Negativen – denn, wie grundsätzlich für alle Rituale, gilt auch für Steine: Es kommt darauf an, was du mental hineingibst. Bei mangelnder oder »flatternder« Konzentration könnte der Stein – kennt selbst nur schwingende Energien, keine Moral – negative Impulse verstärken.

Diese Aura-Reinigung ist auch sehr gut für Schwangere, denen nicht nur Nikotin und Alkohol, sondern auch zu viele schlechte Schwingungen nicht guttun.

Vorsicht bei schweren Krankheiten

Bei schweren Krankheiten sollten Kristalle nicht angewendet werden. Der Körper ist hier zu empfindsam, als daß man mit der üblichen klärenden Wirkung arbeiten könnte. Steine könnten hier zuviel durcheinanderbringen, denn der Schwerkranke ist für ihre Strahlung besonders empfänglich, er kann sie aber nicht in der gewohnten Weise umsetzen.

Bei großen Ritualen

Zelebrierst du große Planetenrituale, kannst du deinen Lieblingsstein – vor allem beim Sonnen- und Diana-Ritual – mit auf den Altar legen. Während der stillen Meditation nimmst du ihn in die Hand und hältst ihn dann für eine Minute an die Stirn, das verstärkt den Kontakt, den du nach »oben« hergestellt hast. Du kannst den zu deinem Sternzeichen passenden Stein verwenden, solltest aber auch ab und zu – als Dank an den Planeten – den dem Planeten zugeordneten Stein nehmen. Außerdem verstärken die speziellen Planetensteine die spezifische Planetenwirkung.

Die Planetensteine sind:

Venus: Chrysokoll (eine Türkis-Vorstufe)
Merkur: Opal
Jupiter: Amethyst
Mars: Rubin
Sonne: Tigerauge

Manche Menschen, die im Ritual zu sehr den Erdungskontakt verlieren, erden sich während des ganzen Rituals mit dem Amethyst, den sie mit der Spitze nach unten auf der Stirn unter ein Stirnband klemmen. Die Erdung während des Rituals ist übrigens auch ganz einfach möglich, indem man von Zeit zu Zeit beide Handflächen auf den Boden preßt.

Probleme strukturieren

Nimm einen klaren Kristall in die linke und einen Rauchquarz in die rechte Hand. Meditiere über deine Probleme. Der klare Kristall bringt auf verstärkende Weise den Wust von Problemen heraus, der Rauchquarz saugt sie – natürlich unter Beihilfe deiner Energien aus der rechten Hand – ordnend auf. Wenn du dabei das Gefühl einer totalen Blockade hast, tausche die Steine aus, dann wird die Kommunikation zwischen ihnen funktionieren. Diese Übung erfordert allerdings schon längere und geduldige Beschäftigung mit der Kraft der Steine.

24 Glückliche Stimmungen mit Düften

Sich den Alltag mit guten Düften zu verschönern ist mittlerweile fast schon Mode geworden. Aromafläschchen gibt es nun sogar in Teeläden. Es ist offenbar ein Bereich, an den viele Menschen sich leichter herantrauen.

Der Duft ist die Essenz des Geistes einer Pflanze, das wußten schon die Alchemisten. Es ist nachgewiesen, daß ein synthetischer Duft – auch der noch so perfekt nachgemachte – kraftlos ist und keine Wirkung auf unsere Befindlichkeiten hat. Also: Finger weg von Billigölen, greife zu garantiert natürlich hergestellten Ölen wie die von Isis Urania.*

Du kannst mit Düften bei jedem Ritual arbeiten oder die meditative Konzentration auf den Duft zum eigenen Ritual gestalten. Wir sollten uns klarmachen, daß durch Düfte Erinnerungen auf fast unglaubliche Weise aktiviert werden können. Wir riechen etwas – und vor unserem inneren Bildschirm baut sich intensiv und schnell eine wichtige Szene auf, die Jahre zurückliegt.

Es gibt nach meiner Erfahrung eine Schwerpunkt-Wirkung für Düfte: Was wir über die Riechzellen an Angenehmem erfahren, ist besonders wirksam für die Entfachung und das Genießen einer glücklichen Grundstimmung. So verstärken die Düfte eine besonders schöne Situation mit dem Partner, aber sie hellen auch in traurigen Momenten die Seele auf sanfte Weise auf. Wir

---

* In guten Esoterikläden erhältlich; wenn Sie auf dem Land wohnen: Versand bei Hermetische Truhe, Versand, Barbara Dethlefsen, Kurfürstenstr. 45, 8000 München 40. Dort erhältst du übrigens auch per Versand Isis-Urania-Fertigräucherungen für Saturn, Jupiter, Mars, Sonne, Venus, Merkur und einige mehr.

können mit den elementaren Ritualen um die Lösung wichtiger Probleme bitten. Düfte dagegen helfen bei einer weiteren wichtigen Kunst: die glücklichen Momente, die wir haben, auch klar zu erkennen und in tiefen Zügen zu genießen.

Füll in deine Duftlampe das Öl für den jeweiligen Zweck – ein antidepressives, wenn du aus einer zu großen Traurigkeit herausfinden willst, ein meditatives, wenn du dich versenken willst, ein aufhellendes, aktivierendes, wenn du intellektuelle Arbeit zu leisten hast. Lenke auch hier, wie bei allen anderen Praktiken, deine Konzentration fest auf das gewünschte Ziel. Es gibt unzählige Düfte, und wir können unmöglich alle besitzen. Außerdem solltest du dich nicht verzetteln; jeder findet wie seine Lieblingsrituale auch seine Lieblingsdüfte. Ich charakterisiere an dieser Stelle hier nur diejenigen kurz, welche ich persönlich als für sehr wirksam für unsere Seele halte.

Ylang-Ylang

Mag ich sehr für romantische, liebevolle Stunden. Der Duft ist auch gut gegen Depressionen.

Patchouli

Sollte jeder haben, denn es hilft auch gegen Depressionen und bringt uns vor allem zurück auf die Erde, zu den Dingen, um die es konkret geht. Ich sehe bei einigen meiner Klienten durch zuviel Beschäftigung mit den kosmischen Energien die Gefahr des Abhebens und finde hier das erdenschwere Patchouli sehr nützlich.

Lemongras

Dieser erfrischende Zitronenduft macht deinen Kopf hellwach und läßt dich sachliche Arbeiten konzentriert durchführen.

Lavendel

Sehr gut für alle Heilungswünsche. Macht frisch bei Nervosität und Abgeschlagenheit und eliminiert negative Schwingungen in Aura und Wohnraum.

Zeder

Ein holzig-süßer Duft, herrlich zu riechen und sehr geeignet für magische Praktiken. Gibt dir Schutz vor negativen kosmischen Energien und stärkt deine Geistes-Konzentration bei magischen Ritualen aller Art.

Das sind meine persönlichen Lieblingsöle. Wenn du andere Öle bevorzugst, ist das gut so. Probieren geht gerade bei Düften über alle Theorie.

Bei der Anwendung der Öle ist keine Grenze gesetzt. Öle in die Schale einer Duftlampe tropfen ist die klassische Methode. Du kannst damit auch Duftkissen machen. Potpourris beträufeln, Hand-, Fuß- und Ganzbäder mit Aromatisierung des jeweils geeigneten Öls nehmen. Auch bei Ölen gibt es eine Zuordnung zu den Sternzeichen, und du wirst erkennen, daß die Öle tatsächlich der Charakterisierung der Zeichen entsprechen.

Die Tierkreiszeichen und ihre Düfte

Widder: Lemongras-, Pfefferöl
Stier: Vetiver-, Sandelholzöl
Zwillinge: Bergamotte-, Rosenholzöl
Krebs: Vanille-, Rosenöl
Löwe: Orangen-, Ingweröl
Jungfrau: Lavendel-, Salbeiöl
Waage: Jasmin-, Rosenholzöl
Skorpion: Sandelholz-, Pfefferöl
Schütze: Rosmarin-, Zimtblätteröl
Steinbock: Zedernholz-, Zirbelkiefernöl
Wassermann: Bergamotte-, Niaouliöl
Fische: Patchouli-, Ylang-Ylangöl

Diese Sternzeichenöle kannst du natürlich auch als Parfüm tragen, indem du vier Fünftel Jojobaöl zumischst. Dieses Duftöl-Parfüm wird bei Ritualen deine Einstimmung erleichtern. Ein paar Tropfen ins Wasser, gut schütteln – und du hast ein Gesichtswasser besonderer Art. Manche Leute haben zu Hause zwanzig oder dreißig Duftöle stehen. Dagegen ist selbstverständlich überhaupt nichts zu sagen; viele besitzen diese Öle auch nur, »weil es gut riecht«, wie sie sagen. Auch dann tun die Öle ihre Wirkung. Aber, wie bei allen anderen rituellen Handlungen, tritt die intensive Wirkung erst ein, wenn wir unsere eigene, gezielte Energie mit hineingeben und so zu einer energetischen Zwiesprache kommen. Dabei ist es besser, sich nicht mit Dutzenden von Ölen zu verzetteln, sondern zu einer übersehbaren, individuellen Auswahl zu kommen, die nicht zu groß ist. So kann man wirklich zu jedem Duft in meditativer Stimmung einen Bezug entwickeln.

Über die Bedeutung von Räucherungen und ihre verschiedene Anwendungen war ausführlich im Buchteil über meine elementaren Planetenrituale die Rede (vgl. S. 57). Natürlich kannst du auch Räucherungen ebenso wie die Öl-Düfte nur zur angenehmen Entspannung benutzen. Hinweisen möchte ich hier auf zwei Räucherungen, die zwar nicht zu den modisch-süßlichen gehören, die aber eine ausgesprochen starke Wirkung haben:

Weihrauch

Ihn gibt es seit dem Altertum. Er reinigt den Körper und die Wohnung von negativen Energien und zieht »zerfaserte« Gedanken zusammen, hellt die Stimmung auf, macht aufnahmebereit auch im spirituellen Bereich.

Salbei

Salbei ist schlicht und einfach für alles gut. Kaufe dir auf dem Markt getrockneten Salbei (allerdings glimmt dieser oft schlecht und muß immer wieder angezündet werden) oder im Esoterikladen eine »indianische Mischung«, die große Salbei-Anteile hat. Salbei reinigt wie Weihrauch die Atmosphäre und hat zudem eine sehr stark heilende Wirkung.

25 Das meditative Kerzenmagie-Ritual

Brennende Kerzen nehmen feurig-intensiven Kontakt mit dem Äther auf. In den großen Planetenritualen sind Kerzen auch stets dabei. Dementsprechend kannst du Kerzen auch ohne die großen Rituale benutzen. Kerzen wurden schon in alten Zeiten nicht nur zum Lichtmachen verwendet. Ägypter, Chinesen und Christen benutzen schon immer Kerzen für Rituale.

Das einfachste Ritual kann mit Kerzen zu jeder Tageszeit durchgeführt werden. Daß ich von Ritualen bei Dunkelheit abrate, bezieht sich ausschließlich auf die Planeten-Rituale. Du stellst die Kerze deiner Wahl vor dir auf einem leeren Tisch auf – etwa Weiß für die Reinigung von negativen Energien, die feurige rote Kerze für Liebesdinge, eine blaue oder violette für meditatives Nachdenken – und schaust in die Flamme, wobei du dich auf das Ziel konzentrierst. Hierfür reichen einige Minuten. Es ist sinnvoll, deinen Wunsch mit dem wöchentlichen großen Planetenritual, das du derzeit zelebrierst, zu verbinden. Oder aber du vollziehst das kleine Kerzenritual anstelle des großen Planetenrituals. Du kannst zusätzlich in die Duftlampe einen Duft geben; das muß aber nicht sein. Die Größe und Form der Kerzen spielt keine Rolle. Nach deinem Ritual kannst du die Kerze löschen; noch besser ist es, sie mit deinem Wunsch ganz herunterbrennen zu lassen (achtsam dabei sein!).

Du kannst das zur Kerze und deinem Wunsch passende Aromaöl auch direkt auf die Kerze auftragen und einreiben – aber niemals nur in eine Richtung! Fange vielmehr in der Kerzenmitte an und reibe das Öl erst von der Mitte bis zur Kerzenspitze (unter Konzentration auf dein Ziel) ein, dann von der Kerzenmitte zum unteren Ende.

26 Naturrhythmen nutzen: Jahreszeiten-Rituale

Die starke Anbindung der Rituale an die Natur ist an diesem Punkt sicher deutlich geworden. Wir arbeiten mit den vier natürlichen Elementen; wir zelebrieren unsere Rituale so oft wie möglich in der Natur. Alle großen Hexenfeste feiern den Jahreszeiten-Wechsel. Der Energieweg der Rituale ist selbst Natur. Jahreszeiten-Rituale sind sehr wirksam, um dem Ich die Angleichung an die großen, kraftspendenden Rhythmen der Natur zu erleichtern. Die Jahreszeiten stellen sehr plastisch die Verwirklichung des universalen Plans für jedes Leben dar.

Für Jahreszeiten-Rituale gibt es keine Vorschriften. Du kannst sie wirklich so zelebrieren, wie du die Jahreszeiten erfühlst und empfindest. Ich empfehle selbstverständlich, ein solches Ritual dennoch auf alle Fälle im Freien abzuhalten.

Jahreszeiten-Rituale sind eigentlich Feste und damit sehr dazu geeignet, sie zu mehreren zu zelebrieren. Aber selbstverständlich kannst du auch ganz allein mit der Natur sein. Am einfachsten nimmst du dann deinen magischen Kreis aus Steinen und richtest hier mit Blumen in der Mitte ein kleines Ritual her – wobei du gerne auch eine dir angenehme Räucherung aufstellen kannst, alles kann optisch ein wenig ähnlich wie bei den Planetenritualen aufgebaut werden, nur daß du hier in der Gestaltung wirklich sehr frei bist. Als Inhalt beschreibe ich anschließend für jede Jahreszeit ein passendes Ritual.

Seid ihr mehrere Leute, könnt ihr anstatt der Räucherung das Prinzip Feuer hier im größeren Maß verwirklichen und ein richtiges Jahresfeuer anzünden. Dabei aber Sicherheitsmaßnahmen und auch eventuelle Forstvorschriften etc. beachten! Jede Jahreszeit hat tatsächlich schon immer ihre feurige Feier gehabt. Die

Frühlings-Begrüßung stellt in einigen Gegenden der Funkensonntag dar, sonst ist es das Osterfeuer. In der Walpurgis-Nacht vor dem ersten Mai brennen die Hexenfeuer; die Sonnwend- und Johannisfeuer symbolisieren den Mittsommer, und im Herbst ist das Martinsfeuer in einigen Gegenden Tradition. Jahreszeiten-Rituale werden euch verbinden und deinem inneren Rhythmus sehr guttun.

Das Frühlings-Ritual

Der Frühling ist das Werden, das Wachstum des Samens. Inhaltlich könnte deine mentale Energiebündelung für das Frühlings-Ritual so aussehen: Du sprichst mit Mutter Erde und dankst ihr für die Kraft, daß sie nach der dunklen Zeit des Vergehens und Ruhens nun wieder mit großer Macht Neues gedeihen läßt. Und du verbindest das mit deinen neuen Ideen, die du ebenso wie ein Samen in der Erde als Gedanken mächtig groß und real heranwachsen lassen willst. Bitte die Erde, deinen Ideen ebensolche Wachstumschancen zu geben wie den Pflanzen. Und bedanke dich dafür.

Das Sommer-Ritual

Im Sommer ist das Neue in der Natur schon »flügge«, nun muß es mit einem harmonischen Ausgleich von Sonnen- und Wasserenergie bestrahlt und begossen werden. Nur so kann das, was im Frühling angelegt wurde, auch reifen. Du bringst im Sommer-Ritual wieder deinen Dank an die Erde dar, machst ihr Komplimente, wie sie alles schön zum Reifen bringt und redest über deine eigenen Bemühungen, deine neuen Wege oder Ideen zum Reifen zu bringen. Und bittest die Erde um viel Sommer-Energie, die sich mit deiner eigenen vereinen soll, um deine Projekte zum Reifen zu bringen.

Das Herbst-Ritual

Im Herbst ist die Erntezeit. Der Mensch erntet die Früchte der Natur, und auch im natürlichen Kreislauf wird geerntet: Die Erde nimmt die Blätter der verblühenden Pflanzen und Bäume auf, um daraus später wieder fruchtbaren neuen Boden zu schaffen. Schaffe wieder die starke mentale Verklammerung zwischen den Vorgängen in der Natur und deinem eigenen Weg! Denke darüber nach, wie du deine Ideen ernten wirst, ob die Ernte deinen anfänglichen Zielen entspricht. Dies wird eher der Fall sein, wenn du dich schon länger auf natürliche Rhythmen eingestellt hast. Denn die Natur erreicht ihr Ziel immer, sofern sie nicht durch brutale Einmischung des Menschen daran gehindert wird.

Das Winter-Ritual

Der Winter ist die weiße Zeit. Nicht die schlimme Zeit des Todes, wie manche meinen. In der Natur vergehen die Dinge nur, um neuen Platz zu machen, es ist ein Kreislauf, kein Tod im Sinne einer Endgültigkeit. Die Kälte und der Schnee schaffen Ruhe und Nachdenklichkeit – und reinigen alles. So sollte das Zelebrieren des Winter-Rituals (vollziehe auch dieses im Freien, warm angezogen! Du wirst sehen, das Ritual gibt dir so viel Wärme und Kraft, daß du nicht frieren wirst) dir eine Zeit des Nachdenkens, des ruhigen Ordnens deiner Gedanken, Pläne und Strukturen sein. Es handelt sich also um eine innere Reinigung.

Die Jahreszeiten-Rituale sollten immer fröhlich begangen werden, auch am Winterbeginn. Denn du begrüßt deinen Partner und dein großes Vorbild gleichzeitig: die immer aktive und immer zuverlässige Natur, von deren gesundem Kreislauf wir vollkommen abhängig sind. Im Unterschied zu den elementaren Ritualen kommunizierst du hier nicht mit dem gesamten Kosmos, mit den universalen Prinzipien, sondern mit der irdischen Natur, die – ebenso wie dein eigenes Sein – eine (von vielen) Materialisation dieses universalen Prinzips ist.

27 Sechzehn magische Alltagsrituale

Diese kleinen Rituale kannst du ohne Probleme immer und überall ausführen, und du solltest sie dir ganz nach deinem Geschmack aussuchen. Auch wenn es »nur« kleine Rituale sind und sie spielerisch wirken, heißt das nicht, daß sie nicht effektiv sind. Durch viele Berichte meiner Klienten und Freunde weiß ich, daß manches kleine Ritual sogar ganz erstaunliche Wirkungen hat. Hier mußt du ganz einfach ein wenig experimentieren; du wirst mit Sicherheit auch unter den kleinen Ritualen diejenigen herausfinden, die deiner Struktur besonders gemäß sind und dementsprechend schöne Ergebnisse bringen. Daß du auch bei diesen Ritualen mental eine Konzentration auf das Ziel einbringen mußt, weißt du bereits. Denke daran, daß der spielerische Charakter dieser Rituale nur eine gesunde Unbefangenheit bedeutet, nicht aber etwa heißt, daß diese Rituale ein inhaltsleeres Spiel seien. Im Gegenteil. Diese Alltagsrituale sind zwar kleine, aber reine Magie.

Lindenblüten-Liebeszauber

Koche bei Sonnenaufgang Lindenblütentee. Sitze am Tisch mit dem Gesicht nach Süden, gib einen Teelöffel Honig in einen Becher mit dem Tee, rühre dreimal gegen den Uhrzeigersinn um. Denke dabei intensiv an deinen Partner oder an deine Vorstellung von einem Partner, den du bald kennenlernen willst. Linde und Honig sind stark fördernd für Liebes-Energien. Das Rezept stammt von meiner magisch sehr begabten Großmutter.

Schützende Baum-Kraft

Schenke einem Baum, zu dem du dich hingezogen fühlst, einen eigenen Namen. Schließe feierlich Freundschaft mit ihm, indem du ihm Geschenke bringst (zum Beispiel Blumen) und dreimal gegen den Uhrzeigersinn um den Baum gehst und ihn mit seinem Namen ansprichst. Dann sagst du ihm: »Du bist mir Bruder und Schwester; halte bitte das Unheil fern und bringe mir das Heil. Ich danke dir, ich segne dich und bitte: segne du mich«. Umarme den Baum danach.

Frösche bringen Glück

Manche Leute finden Frösche und Kröten eklig und glauben in der Fledermaus die kleine Form des Teufels zu sehen. Das sind Vorurteile. Ich habe in meinen Jahren in Afrika, in denen ich engen Kontakt mit Voodoozauber hatte*, mehrfach erfahren, daß diese drei Tierarten Glücksbringer sind. Vor allem, wenn über dir eine Fledermaus fliegt, solltest du dir sofort etwas wünschen. Es bestehen gute Chancen, daß dein Wunsch erfüllt wird.

Stein-Dreiecksmagie

Nimm deine drei Lieblingssteine und lege sie zu einem Dreieck, dessen Spitze in Richtung Süden zeigt. Setze dich vor das Dreieck, schaue über die Spitze auch in Richtung Süden und sage dir (am besten mit kräftiger Stimme): »Alles, was ich jetzt sage, wird so in Erfüllung gehen.« Vergiß nicht, maßvoll dabei zu bleiben; überdrehte oder für andere schädliche Wünsche haben keine Chance auf Realisierung.

---

* vgl. »Ich, die Hexe«, S. 42f.

Kleines Münzen-Ritual

Wenn du ein Geldstück findest, kannst du mit symbolischer Ritualkraft zeigen, daß du begriffen hast, daß der Geist stärker als die Materie ist und an ihr vorbei fortschreitet. Nimm die Münze auf, bespucke sie dreimal, halte sie in der linken Faust; mach einen Schritt nach links, einen nach vorne, einen nach rechts und einen nach hinten (bis zum Ausgangspunkt). Denke dir beim ersten Schritt den Dank dafür aus, daß dir die Münze zugefallen ist (ohne zu sprechen). Sage dir beim zweiten Schritt, daß das Materielle hier auf dieser Erde eine Notwendigkeit ist, die man nicht ganz ablehnen soll. Sage dir beim dritten Schritt, daß du das Materielle aber nicht mehr überbewertest und denke dir beim vierten Schritt, daß du die Münze einem anderen gönnst. Wirf nun – zurück am Ausgangspunkt – die Münze nach hinten, ohne dich umzudrehen und gehe fröhlich weiter.

Der Zauberstab

Hier möchte ich dir die Beschreibung einer alten rituellen Überlieferung geben. Es geht um die Herstellung eines Zauberstabes, den wir bei Planetenritualen mit auf den Altar legen oder bei Spaziergängen in der Natur mit uns führen können. Wir sollten exakt bei Sonnenaufgang einen gegabelten Nußbaumzweig in die linke Hand nehmen und ihn mit einem Messer in der rechten Hand dreimal einritzen. Dabei sprechen wir den Satz: »Ich nehme dich im Namen Elohims, Mutrathons, Adonays und Semiphoras, damit du die Tugend des Stabes von Moses und Jakob hast, auf daß ich alles entdecken kann, was ich will.«

Liebesblätter

Streue einige Magnolienblätter unter die gemeinsame Matratze, das wird die zärtliche Liebe zwischen dir und deinem Partner erhalten.

Koriander-Schutz

Trage Koriander-Körner in einem kleinen Beutel bei dir, es ist ein guter Talisman gegen Krankheiten, besonders wirksam auch für Migräne-Geplagte.

Für Glücksspiele

Wer öfter an Glücksspielen teilnimmt, soll seine beiden Hände in kalten Kamillentee tauchen. Ich selbst mache nie Glücksspiele, aber dieser Zauber soll das Glück (welches kein Zufall ist) verstärken.

Dill-Liebeszauber

Ein Eßlöffel voll Dillsamen, in ein warmes Bad gegeben, betont die erotische Attraktivität stark. Ähnlich wirken Orangenblätter, die man in der Tasche trägt.

Thymian-Kraft

Etwas Thymian in einem Beutelchen (ich erinnere daran, daß viele Indianer stets mehrere winzige Beutelchen mit verschiedenen Kräutern als Talisman bei sich tragen) trägt auch nach alten griechischen Überlieferungen zum Gelingen von Plänen bei. Thymian stärkt die Vitalkraft.

Lorbeer-Kreativität

Menschen, die im kreativen Bereich arbeiten, erhalten schneller ihre Inspirationen, wenn sie vorher mit Lorbeerblättern über das leere weiße Papier oder den Computer-Bildschirm streichen. Manche legen in ihr Tintenfaß ein Lorbeerblatt.

Rosmarin-Harmonie

Wenn du Gäste im Haus hast, laß in einer Ecke eine Räucherungs-Holzkohle brennen und gib Rosmarin darauf. Das schafft zwischen den Menschen warme und freudige Gefühle.

Glückshelfer-Spiegel

Bei Vorhaben, von denen du glaubst, daß sie einiges Glück erfordern, kannst du mit einem magischen Spiegel arbeiten. Du nimmst einem ganz normalen Kosmetikspiegel alle negativen Energien, indem du ihn (bei dünnem Strahl bitte, Wasser ist wertvoll) eine Stunde unter laufendem kaltem Wasser läßt. Dann hüllst du ihn in ein schützendes Seidentuch. Wenn du ein wichtiges Anliegen hast, schreibe am Abend zuvor den Wunsch mit einem Fettstift (oder Lippenstift) auf den Spiegel und decke ihn dann nachts mit einem weißen Tuch (Taschentuch genügt, aber keine Seide nehmen!) ab. Am Morgen wischst du die Schrift weg, spülst den Spiegel wieder einige Minuten kalt ab und hebst ihn im Seidentuch bis zum nächsten Mal auf.

Pentagramm-Schutz

Zu deinem unmittelbaren Schutz kannst du in oder direkt vor unangenehmen Situationen das Pentagramm mit der linken Hand in die Luft zeichnen (vgl. dazu S. 69). Früher erklärte man sich die Schutzwirkung des Pentagramms mit der Symbolik der fünf Zacken als die fünf Wunden Christi, vor welchen der Teufel Angst habe. Eine esoterische Deutung sieht die Doppeldeutigkeit in der Symbolik: Das Pentagramm stellt den Menschen dar, mit gespreizten Beinen und den Armen zur Seite; der Kopf bildet die obere Zacke und gleichzeitig die vier Elemente mit der Eins, dem All-einigen, mit dem Göttlichen an der Spitze. Sicher ist, daß dieses Symbol tatsächlich eine besonders stark schützende Kraft hat.

Werde dir in diesem Zusammenhang über die Kraft eines Symbols, wie es eben das Pentagramm ist, klar. Das Symbol ist nichts anderes als eine ganz extreme Verdichtung alten, elementaren Wissens. Das Symbol verdichtet ebenso wie mancher rituelle Spruch (volkstümlich sagt man »Zauberspruch«, was mir zu sehr nach Zirkusnummer klingt) Inhalte noch viel mehr. Wir haben dann den berühmten mächtigen Geist in der winzigen Flasche, und mit der Anwendung des Symbols ziehen wir den Stöpsel. Diese extrem verdichteten Inhalte ermöglichen es auch leichter, auf einer anderen Bewußtseinsebene, mit mentalen Energien zu arbeiten und sich damit nach noch »weiter draußen« anzukoppeln.

Glücks-Geschenk

Willst du jemandem, den du magst, Energien für Glück und Freude gönnen, schenke ihm eine mit Nadeln gespickte Zitrone. Die Nadelköpfe sollen vielfarbig sein – aber es darf keine schwarze dabeisein.

28 Liebesrituale: besondere Energieströme

Liebe. Da sind wir bei einem ganz elementaren Lebensbereich, dem wir alle so eng verbunden sind wie der Luft, die wir zum Atmen brauchen. Nicht immer ist die Luft gut, aber wir brauchen sie trotzdem immer.

Liebe. Diese mächtige Welle, die wir in uns fühlen, der wir uns ohnmächtig ausgesetzt fühlen, von der wir nicht wissen, ob sie uns auf bedrohliche Weise fortreißt oder ob sie uns sicher in nie gekannte, paradiesische Gefilde tragen wird. Wenn der große Strom der Liebe uns erfaßt, sind wir erstarrt und begeistert. Wir werden aus dem Alltag herausgerissen und haben gleichzeitig Angst, daß wir uns verlieren könnten. Wenn der große Strom versiegt oder für lange Zeit ausbleibt, sitzt unsere Seele auf dem trockenen. Egal, ob du dich der Allmacht der Liebe gerade zu nahe oder zu fern fühlst: Alle, die zu mir kamen, ob Generaldirektor, Schauspielerin oder Hosenverkäufer – mit der Liebe hatten und haben sie alle ihre Probleme.

Das ist gut so. Auch ich habe mit der Liebe immer wieder meine Probleme. Es kann und soll auch nicht anders sein. Liebe, an deren Definition sich alle Schriftsteller und Philosophen dieser Welt die Zähne ausgebissen haben, ist tatsächlich die größte mentale Kraft, der stärkste Energieträger und im Kontrast zum Gegenspieler Haß auch die alles überdauernde Kraft. Diese Energie ist wie ein mächtiger Strom, der aus dem Kosmos kommt und sich dann über die Welt wie in ein unendlich verzweigtes Delta ergießt, um alles zu erfassen, das Denken und Tun von allen zu bestimmen.

Die Liebe ist nach meinem Hexenverständnis ganz besonders von der Grundstruktur der Großen Energie gekennzeichnet:

* Sie verbindet auf urgewaltige Weise die Pole männlich und weiblich (was durchaus auch zwischen Mann und Mann oder Frau und Frau sein kann, denn in uns liegen auch jeweils beide Pole).
* Diese Verbindung hat eng mit einer großen magischen Kraft zu tun, der Sexualität.
* Die Liebe ist eine Energie, die fließt, die immer in Bewegung ist, und entspricht damit allen philosophischen und kosmischen Prinzipien vom Sein.

Genau der letzte Punkt macht uns zu schaffen. Aus unserem kleinen, menschlichen Kirchturm-Blick heraus wollen wir in dem Moment, in dem wir einen Zipfel des Liebesglücks erhaschen, dieses Grundgesetz nicht mehr verstehen. Wir wollen dann die Liebe festhalten, indem wir zementieren, sie aus Angst nicht mehr fließen lassen, und wir meinen, auf diese Weise könnten wir das Liebesglück verewigen.

So zu denken entspricht den ganz normalen Schwächen, die wir alle haben. Aber leider passiert dann meist, was einfache Schlagerliedchen mit dem Satz »Die Liebe geht« gar nicht so falsch ausdrücken. Denn die Liebe geht dann nämlich wirklich, sie geht eben weiter, weil sie als universelle, fließende Energie nicht stehenbleiben kann. Nirgendwo sonst verstehen Menschen besser als bei Liebesdingen, wenn ich von Energie spreche. Wenn ich sage, wir sind Energie; wir arbeiten bei allem, was wir tun, mit Energien: mit schwachen, starken, guten, falschen.

Nirgendwo kann man das Prinzip, dem wir folgen müssen, besser beschreiben, als bei der Liebe: Wir dürfen nicht stehenbleiben, sondern wir müssen unsere Liebe aktiv in die richtige Richtung entwickeln. Dann gehen wir mit der Liebe, und sie wird uns nicht mehr verlassen.

Viele machen den Fehler, passiv zu warten, wenn es um Liebe geht. Wir müssen jedoch aktiv sein. Wir sollten mit offenen Augen an der Beziehung zu unserem Partner arbeiten, um zu sehen, wie sich was entwickelt. Rechtzeitig sollten wir zu Korrekturen bereit sein, damit aus unserer Liebe nicht ein langweiliges Nebeneinander wird.

Viele sagen mir auch, daß sie bereit wären, an einer Beziehung zu arbeiten, wenn sie nur eine hätten. Meine Antwort: Sitze nicht länger da und warte ab! Werde selbstbewußter, damit bewußter über dein Selbst; entwickle dich aktiv und in vielerlei Richtung. Das ist schon die Grundsteinlegung für eine Partnerschaft, denn es macht dich interessanter und gleichzeitig reifer dafür. Versuche nichts zu erzwingen, aber visualisiere dein Ziel aktiv und intensiv mit deiner Vorstellungskraft. Nur dann bist du im Fluß, und nur in der fließenden Entwicklung kann eine neue Partnerschaft mit Zukunft entstehen – bleibst du dagegen statisch, rauscht das Leben, die Liebe an dir vorbei.

Auch hier können wir mit konkreten Ritualen arbeiten. Liebesrituale sind nach meiner Erfahrung sehr wirksam und sind durchaus in der Lage, die Dinge in eine gute Richtung zu lenken. Aber ein bißchen Klarheit über die wichtigsten Punkte sollte jeder in sich schaffen, bevor er ein Liebesritual beginnt. Wir sollten uns beispielsweise klarwerden, was eine »gute Richtung« eigentlich für uns bedeutet. Denn das Ritual wird nur wirksam sein, wenn wir uns im Einklang mit den universalen Energien befinden. Uns dürfen also keine Überlegungen bewegen, die dem Prinzip der wahren Liebesenergie konträr gegenüberstehen. Das wäre beispielsweise der Fall, wenn es ums bloße Streben nach Macht, um rein materielles Denken ginge oder wir nur aus Ängsten heraus handelten – in allen drei Fällen ging es um blanken Egoismus, und das hätte nichts mehr mit den elementaren Gefühlsströmen zwischen männlich und weiblich zu tun. Meine Liebesrituale sind nicht für solcherlei egoistische Motivationen da; zum Glück würden sie in solchen Fällen auch nicht funktionieren. Damit will ich nicht sagen, daß Liebe völlig selbstlos sein muß. Wir Menschen stehen während unseres irdischen Lebens mit zwei Beinen auf dem Boden und handeln ganz folgerichtig auch nach bodenständigen Grundsätzen. In diesem Sinn haben Selbstwert und Selbstbehauptung durchaus etwas mit einem gesunden Egoismus zu tun. Nur wenn wir uns selbst was wert sind und uns selber mögen, können wir mit positiver, kraftvoller Ausstrahlung liebend auf einen anderen zugehen.

Werde dir daher *vor* dem Ritual klar, ob du den Partner wirklich aus dem reinen Gefühl der Liebe als Partner begehrst. Überlege dann, ob bei diesem anderen Menschen – (wenn es bereits konkret um eine bestimmte Person geht) – auch ein warmes Gefühl der Zuneigung für dich vorhanden ist. Wenn nicht einmal dieses da ist, rate ich dringend: Laß es sein! Niemand kann Liebe erzwingen. Im Gegenteil: Wenn die Wellen der Liebesenergie beim anderen Pol nicht wenigstens latent vorhanden sind, dann wird die Wirkung des Rituals wahrscheinlich umschlagen. Die andere Person wird deinen Versuch der magischen Manipulation spüren und noch mehr Ablehnung aufbauen. Das kann dann für dich sehr unangenehm werden. Denn weil das Liebesritual eine Verbindung zwischen Absender und Empfänger herstellt, wirkt es auch auf dich selbst; es verstärkt also deine Hinwendung zu der anderen Person deutlich. Wird nun diese Person aggressiv gegen dich, bist du dieser Aggression ziemlich ungeschützt ausgeliefert.

Sind die Gefühle dagegen stimmig und bist du dir sicher, daß beim anderen »etwas« da ist, dann wirken Liebesrituale hingegen sehr gut. Da spielt es keine Rolle, wenn bei dem anderen Menschen die Gefühle sehr verschüttet oder noch recht schwach ausgeprägt sind. Hier arbeitet das Ritual ja nicht gegen die Realität, sondern schafft Klarheit, verstärkt bestehende Tendenzen und bringt sie zum Durchbruch.

Viele meiner Klienten haben gerade in letzter Zeit durch diese Rituale wieder Ordnung in ihr Gefühlsleben bringen können. Und die jeweiligen Partner waren im nachhinein auch sehr froh, daß es endlich so kam. Meinetwegen kannst du diese Liebesrituale auch »Hexenzauber« nennen, obwohl ich dieses Wort nicht mag. Wichtiger als die Bezeichnung ist das Wissen, daß gerade mit der Liebesmagie kein Zwang ausgeübt werden kann, sondern daß Zwänge sogar abgebaut werden.

Die Liebe ist oft verschlüsselt und wir müssen den richtigen Code finden. Stell dir vor, auf einem Blatt Papier steht in Blindenschrift geschrieben: »Ich liebe dich«. Schließe deine Augen, fahre vorsichtig tastend darüber. Du wirst es nicht lesen können, obwohl du durchaus die Zeichen mit den Fingerkuppen deutlich spüren kannst. Mit dem Ritual knackst du den Code; das etwas hilflose Anfassen der gestanzten Schrift wird für beide Teile zum wirklichen Begreifen und schließlich zur starken Realität.

»Ich liebe dich.«

Mit dem richtigen inneren Gefühl gesagt, ist es vielleicht der schönste weißmagische Satz auf Erden.

30 Liebesrituale mit Puppen

Neben dem elementaren Venus-Ritual (vgl. dazu S. 71) eignen sich Puppen besonders für Liebesrituale. Es geht um die Beziehung zwischen zwei Menschen, und genau dafür sind Puppen sehr mächtige magische Symbole. Bei Puppen denkt jeder sofort an Voodoo und Schwarze Magie. Aber erstens ist die Vorstellung falsch, Voodoo sei nur Schwarze Magie*. Zweitens wurden Puppen in vielen Kulturen magisch verwendet. Ich habe immer wieder unmißverständlich gesagt, daß ich Schwarze Magie ganz klar als schädlich für alle Seiten strikt ablehne.

Die Puppen sollten ungefähr zehn Zentimeter groß sein. Die Farbe der Puppe ist dir überlassen. Ich rate allerdings zu Rot, denn Rot steht für die Liebe. Grün steht für Geld, Glück und Erfolg – auch dafür können wir Puppen verwenden. Aber nach meinen Erfahrungen eignen sich Puppenrituale eben ganz besonders für den Liebesbereich. Das schönste Material für Puppen ist reines Bienenwachs. Auch Puppen aus Stroh, Papier, Stoff oder aus gebackenem Brotteig können verwendet werden, ebenso Salzteigmännchen. Du kannst Puppen auch kaufen; die meisten meiner Freunde und Klienten aber machen sich ihre Puppen selbst.

Die Form der Puppe bildest du ganz nach deinem Gefühl. Wichtig ist, dabei ganz intensiv und meditativ zu sein. Laß dich nicht ablenken! Konzentriere dich auf die Zielperson und dein Ziel. Puppen sind als Symbole sehr kraftvolle Energieverstärker; aber es ist die Kraft der Hexe, des Magiers, die in das Symbol hineinfließen muß, damit am Ende auch das angepeilte Ziel herauskommt.

* vgl. dazu »Ich, die Hexe«, S. 42 f.

Ritze den Vornamen des/der Geliebten in die Puppe. Du kannst auch ein Namensschildchen anbringen – etwa bei Stroh- oder Stoffpuppen – da mußt du aber darauf achten, daß es gut befestigt ist. Du kannst es beispielsweise mit einer Schnur festbinden. Auf jeden Fall darf der Name nie von der Puppe entfernt werden.

Wenn sich an deinem Ziel irgend etwas ändert, besorge dir eine *neue* Puppe. Man kann für verschiedene Ziele durchaus gleichzeitig verschiedene Puppen haben; aber nicht verschiedene Puppen für das gleiche Ziel. Das ist wichtig – unbedingt beachten!

Die Liebes-Puppe

Du machst dir mit der oben beschriebenen Konzentration auf das Ziel eine Puppe. Sie stellt die Person, die du liebst und von der du weißt, daß sie auch Gefühle für dich hat, dar. Bringe den Namen der Person an der Puppe an. Lege dann deine rechte Hand auf die Brust der Puppe und sage deine Formel – deine ganz persönliche. Die kann etwa lauten: »Denke nicht nur an mich, komm doch einfach zu mir, laß uns zusammensein, dann sind wir beide glücklicher.« Entwickle deine persönliche Formel, formuliere sie so frank und frei wie du willst. Hast du aber deine Formel für diese bestimmte Puppe gefunden, dann behalte sie exakt bei und spreche sie täglich mit der linken Hand auf der Puppe auf genau gleiche Weise; zwei, drei Minuten lang, dies für mindestens eine Woche oder länger.

Das Puppen-Paar

Zur Puppe der geliebten Person fertige noch eine von dir selbst. Wieder ritzt du den Namen in die Puppe ein. Vergiß nicht, bei der Herstellung der Puppen immer liebevolle Energie hineinfließen zu lassen und ganz konzentriert zu sein. Zur Verstärkung des Rituals kannst du aus Fotos die Gesichter ausschneiden und in die Köpfe der Puppen einarbeiten. Noch mehr Wirkung wird erzielt, wenn die eine Puppe auf dem Kopf ein paar Haare von dir und die andere Puppe ein paar Haare der geliebten Person trägt. Lege die Puppen mit den Gesichtern aufeinander, wenn sich die Puppen auch noch umarmen, ist es besser. Wickle dann das Paar kräftig mit einer Schnur ein. Diese »Fesselung« stellt nicht das Aneinanderketten zweier Menschen dar, sondern ist ein geistiges Liebesband zweier ansonsten eigenständiger Persönlichkeiten!

Die reine Liebesenergie der beiden wird geschützt, indem du nun das Puppenpaar in weißes oder rotes Seidentuch wickelst, Seide blockiert Störendes von außen. Das Ganze vergräbst du am Venustag, am Freitag, tagsüber (nie nach Sonnenuntergang) bei zunehmendem oder direktem Vollmond unter einem Baum, der Früchte hervorbringt.

Ein Kirschbaum mit seinen roten Früchten eignet sich am meisten; aber auch alle anderen Fruchtbäume sind gut für dieses Ritual. Beim Vergraben denkst du intensiv an das glückliche Zusammensein mit dem Partner. Besuche dann deinen Liebesbaum ab und zu und stelle dir wieder schöne Situationen mit ihm/ihr vor. Also nicht zwanghaft denken, sondern sich entspannt mit Visualisierungen die ersehnte zukünftige Situation ganz konkret vorstellen.

Die Trennungs-Puppe

Du kannst mit einer Puppe auch eine Trennung beschleunigen. Auch hier gilt wieder: Das Ritual wirkt nicht, wenn es gegen große Energien geht, wenn also in diesem Fall die andere Person dich ganz tief und ehrlich liebt. Es wirkt aber gut gegen Leute, die dir ihre »Liebe« aufdrängen wollen, von der du dich nur beengt fühlst. In diesem Sinn ist die Trennungs-Puppe eine Art Schutzritual.

Schreibe dein Ziel auf ein Stück echtes Pergament, dazu den Namen desjenigen, vor dem du deine Ruhe haben willst. Etwa so: »Ich möchte, daß W. M. aus meinem persönlichen Umfeld verschwindet.« Oder: »Ich will nicht, daß E. M. mich anruft oder jemals wieder meine Wohnung betritt.« Nun bindest du den Bannspruch mit einer Kordel oder einer Schnur fest an die Puppe und steckst vier Nadeln so in die Puppe, daß sie jeweils im 90-Grad-Winkel voneinander entfernt in vier Richtungen schauen. Die Puppe hängst du nun für ein paar Tage über den Hauseingang (kann auch auf der Innenseite, im Flur, sein).

Die Gesundheits-Puppe

Auch diese Puppe hat mit Liebe zu tun. Wir arbeiten mit der Gesundheits-Puppe für kranke Menschen, die uns besonders am Herzen liegen. Wieder muß die Puppe ihre Identifikation bekommen, also den Namen dessen eingeritzt oder mit einem Schildchen umgehängt bekommen, um dessen Gesundheit es geht. Dann reibst du die Puppe liebevoll mit Heilöi ein (zum Beispiel chinesisches Heilöl oder Tiger-Balsam), das du zuvor auf deinen Handflächen verreibst. Beim Einreiben der Puppe konzentrierst du dich auf die Körperregionen oder Organe, die von der Krankheit betroffen sind. Dabei sagst du einen Spruch, den du bei Wiederholungen exakt beibehältst, etwa: »Bringe Hilfe, heile Kranke, heile Schwache, lindere Leiden. Bitte mache... gesund.« Danach wickelst du die Puppe in ein weißes Tuch (keine Seide!), legst sie zwischen zwei weiße Kerzen, die du dann anzündest. Das Ritual wiederholst du an jedem Morgen (nüchtern!), bis die Genesung eingetreten ist. Danach verbrennst du die Puppe und streust die Asche in den Wind.

Teil V

Das Bündnis mit den universalen Kräften

30 Annäherung auf spielerische Weise

Ganz sicher haben Sie bis zu diesem Punkt das eine oder andere Ritual ausprobiert. Vielleicht »nur mal so«, mit dieser spielerischen Neugierde, die wir alle in der Kindheit genossen haben und die uns fast immer spannende Entdeckungen bescherte. Spielerisch: Das ist ein Schlüsselwort. Es ist ein Irrtum, wenn Spiele manchmal als Gegenteil von Ernsthaftigkeit angesehen werden, als eine weniger wertvolle Vorstufe zum »richtigen Leben«. Spiele sind vielmehr der Gegensatz eines eingeengten Lebens. Sie bedeuten Entfaltung und stellen damit ein pralles Leben dar. Gehen Sie ganz frei an die Rituale heran, mit einer möglichst großen spielerischen Leichtigkeit.

Das Ritual als ein hochentwickeltes Spiel zu erkennen macht Sie für diesen Weg bewußter:

* Im reifen Spiel gehen wir statt mit Kopfbetontheit mit Neugier und Freude ins Ritual. Also mit einer schönen, allen Spielen eigenen Erwartungshaltung, die den ganzen Körper warm überflutet; damit ist auch jede eventuelle Verkrampfung aufgelöst.
* Spiel bedeutet totale Unbefangenheit. Es gibt keine Vorurteile, keine Wertvorstellungen; Spiel heißt Offenheit. So wie beim Kartenspiel die Karten immer wieder ganz neu gemischt werden, können sich im Spiel die Dinge unbefangen immer wieder neu formieren.
* Spiel ist freies Handeln. Wenn Sie spielen, ist es Ihr Spiel, und niemand hat Ihnen etwas zu befehlen.
* Das Spiel ist unvernünftig und hat damit die besten Voraussetzungen für eine volle schöpferische Entfaltung.

* Spiel ist frei von materiellem Denken. Das Spiel selbst ist durchaus ernst gemeint und wird stets mit Konsequenz durchgespielt. Aber der verbohrte Ernst, der im Alltagsleben meist aus materiellem Druck, materiellen Ängsten und materieller Gier entsteht, bleibt im Spiel außen vor.
* Im Spiel entsteht eine eigene, abgeschlossene Welt. Diese kann, ganz ohne Normen, von keiner sogenannten Vernunft unterdrückt, sich unbegrenzt in alle Höhen der Phantasie aufschwingen. Die Welt des Spiels ist frei von üblichen Ordnungen, funktioniert aber in sich selbst durchaus nach einer klaren Ordnung. Nach einer, die für den Spielenden Sinn macht, ihn in seiner realen Welt weiterbringt. In dieser Welt können wir neue Vorstellungen entwickeln, Pläne schmieden, alles ganz ohne Grenzen. So ermöglicht die Welt des Spiels jedem Menschen unbegrenzte Reisen durch das Sein, um ungehindert alles auszuloten.

Spiele auf einfachem Niveau haben mit den kultischen, die auf höhere Ziele gerichtet sind, eines gemeinsam: Sie sind immer eine geradezu heilige Handlung. Stören Sie eine Skatrunde mitten im Spiel oder ein Kind, das gerade drei Radiergummis auf seine Eisenbahn lädt, die in der jetzigen Wirklichkeit des Kindes Elefanten sind, die zu einem anderen Zoo gefahren werden. Oder stören Sie ein Naturvolk mitten in einem zeremoniellen Spiel: Jeder wird ungehalten reagieren. Denn Sie haben das Eintauchen in eine andere Welt über das Spiel respektlos unterbrochen.

Ich sehe den Unterschied zwischen Spiel und Spiel anderswo: Die heilige Handlung kann bloßer Selbstzweck sein. Eine Skatrunde muß zwar nicht unbedingt völlig sinnentleert sein (denn für die Spieler selbst macht sie durchaus Sinn), aber zumindest ist ihr ritueller Charakter nicht auf ein höherentwickeltes Ziel ausgerichtet. Es geht vielmehr um momentanes Wohlbefinden und, bestenfalls, um einen Lernprozeß, der sich wiederum nur auf das Skatspiel an sich richtet und nicht weiterführt.

Beim Spiel des Kindes ist das schon anders: Im Spiel verrichtet das Kind eine heilige Handlung mit tiefem Sinn. Es ahmt das bestehende Weltbild nach, in sehr konzentrierter und teilweise überzeichneter Weise. Wir sind hier im Prinzip wieder beim Biologen Rupert Sheldrake, auch bei der Art und Weise, wie ein Ritual wirkt und warum es so gut wirkt: Kinder lernen unser reichhaltiges Weltbild und seine komplexe Ordnung nicht über Lehrsätze und sachliche Informationen, sondern das Weltbild überträgt sich durch eine synchrone Angleichung mit Hilfe der konzentrierten symbolischen Darstellungen im Spiel. Mit der Technik der spielerisch verdichteten und sehr kreativen Überzeichnung und Nachahmung – wobei Kinder mit ihren Hirnwellen fast immer im entspannten, tranceartigen, »tagträumerischen« Alpha-Wellen-Zustand sind – erfaßt das Kind globale Zusammenhänge dieser Welt auf unglaublich präzise und schnelle Weise. Das Spiel ist also nicht nur ein Spiel. Es ist vielmehr auf ein schöpferisches, mit keinerlei äußeren Normen und Vorschriften belastetes Erfassen und Verstehen der Wirklichkeit bezogen.

31 Geistiges Bewußtsein fließen lassen

Genießen Sie Ihre Rituale auf dieselbe Weise wie ein Kind sein Spiel. Gehen Sie im Ritual mit einer meditativen Konzentration ein wenig hinab in diesen schönen Zustand der Alpha-Wellen. Das können Sie leicht erreichen, indem Sie entspannt sitzen, die Augen schließen, tief ein- und ausatmen und sich innerlich mehrmals in Ruhe den Satz sagen: »Ich bin ganz ruhig und entspannt und werde mein Ritual spielerisch genießen.«

Selbstverständlich werden immer wieder ganz banale Alltagsgedanken hineinfunken, aber die sollten Sie nicht verdrängen. Lassen Sie diese Gedanken ruhig kommen – und gehen wie Wolken, die kommen und dann von selbst vorüberziehen. Zwingen Sie sich zu nichts, denn Sie stehen unter keinem Zwang: *Es ist Ihr Spiel.* Sie wissen nun genug über Rituale, haben die richtige Einstellung gefunden und die Vorbereitungen getroffen. Nun können Sie das Ritual mit ruhiger, innerer Aufmerksamkeit fließen lassen und sich, ohne jede verkrampfte Fixiertheit auf das erhoffte Ergebnis, daran erfreuen.

Das Ergebnis kommt dann ganz von selbst. Denn das Ritual ist ein wirklichkeitsbezogenes kultisches Spiel mit größter Sinnhaftigkeit. Das Ritual führt Sie zu einem realen Weltbild, das unendlich weit über jenes hinausgeht, welches wir als Kind kennengelernt haben, und das uns bislang genügt haben soll. Sie dringen vor zu einer großen und starken kosmischen Welt, einer aufbauenden und heilen Ordnung. Sie lassen dort ganz frei Ihr Bewußtsein tanzen und werden spüren, daß diese transzendente Welt Sie auch gerne tanzen läßt, Sie akzeptiert, annimmt – und Ihnen die inneren Flügel verleiht, die Sie schon immer haben wollten, um im Leben müheloser voranzukommen.

Auf mentalem Wege, über unsichtbare Energieströme, haben wir uns als Kinder spielerisch die Freundschaft dieser Welt erobert. Eine Welt, die uns viel zu geben hat, wenn wir auf sie aktiv, offen und unbefangen zukommen. Gehen Sie nun eine ganz einfache Stufe höher, um unsere Welt darunter mit weiterem Blick zu erkennen und mit ihr noch besser zurechtzukommen.

Lassen Sie in Ritualen Ihr geistiges Bewußtsein frei in diese Richtung fließen. Erobern Sie sich die Freundschaft der universalen Kräfte. Es wird ein starkes Bündnis sein.

SANDRA – MEIN HEXENWEG MEINE RITUALE

Lebensrezepte einer spirituellen Frau

VHS

Das Video, das die Sandra-Bücher ergänzt: Sehen und hören Sie Sandra bei ihrer Arbeit mit den Energien, spüren Sie die tiefe Spiritualität dieser Frau, die verbunden ist mit einer im besten Sinne bodenständigen Ausstrahlung. Lassen Sie sich mit Sandras Augen zeigen, welche magischen Kräfte wir in unserer direkten Umgebung aktivieren können, hören Sie ihre kabbalistischen Formeln.

Dieses liebevoll gestaltete Video gibt mehr als Erklärungen. Sandra zeigt nicht nur konkret und detailliert ihre Praktiken, sondern sie arbeitet mit Ihnen auch auf mentaler Ebene: In Übungen beschreiten Sie mit ihr den Weg der positiven, großen Energien.

Aus dem Inhalt: Besuch an meinen magischen Plätzen in Prag · Spirituelle Kraft aus dem Sonnenritual · Meine liebsten kleinen Rituale · Tips für die Arbeit mit Numerologie und Karten · Wie ich Kraftplätze in der Natur erkenne · Wie man die Wirkung von Steinen oder Wurzeln auspendeln kann · Wichtige Schutzmechanismen: Aurareinigung, Reinigung der Utensilien, Reinigung der Wohnung, Schutzrituale · Versenkung in den Alpha-Zustand, um Gedanken-Energien zu senden und zu empfangen · Vier-Winde-Ritual mit dem Apachen-Schamanen Nikiya

Länge: 60 Minuten
Preis: DM 75,– + Versandkosten
Per Nachnahme zu beziehen bei:
ecolog GmbH
Hinterloh
84329 Wurmannsquick
Tel. 08725/1430
Fax 08725/7344

GOLDMANN

SANDRA, die HEXE

Sandra, Deutschlands bekannteste Hexe, reitet
weder auf dem Besen, noch stammelt
sie wirre Zaubersprüche: Sie ist eine moderne,
attraktive Frau, die mit beiden Beinen fest
im Leben steht und tief in den geistigen Gesetzen
des Kosmos verwurzelt ist.

*»Heute leiden so viele von uns darunter,
daß sie sich einsam und unselbständig fühlen.
Das ist, genau betrachtet, ein schlimmes
Paradoxon: Sie fühlen sich allein.
Und sie sind nie für sich. Wenn wir den
richtigen Weg beschreiten, sind wir nie mehr
allein. Aber immer für uns.«* Sandra

Sandra,
Ich, die Hexe   12134

Sandra,
Hexenrituale   12193

Goldmann · Der Taschenbuch-Verlag

GOLDMANN

Hexen und Weise Frauen

Zsuzsanna E. Budapest,
Mond-Magie   12200

Sandra,
Hexenrituale   12193

Sandra,
Ich, die Hexe   12134

Starhawk, Der Hexenkult als Ur-
Religion der Großen Göttin 12170

Goldmann · Der Taschenbuch-Verlag

GOLDMANN

Erhard F. Freitag

Erhard F. Freitag/C. Zacharias,
Die Macht Ihrer Gedanken 12181

Erhard F. Freitag,
Hilfe aus dem Unbewußten 10957

Erhard F. Freitag,
Kraftzentrale Unterbewußtsein 10888

Erhard F. Freitag/Gudrun Freitag,
Sag ja zu deinem Leben 12208

Goldmann · Der Taschenbuch-Verlag

GOLDMANN

Chris Griscom

Der weibliche Weg   12219

Die Frequenz der Ekstase   11838

Leben heißt Liebe   12125

Zeit ist eine Illusion   11787

Goldmann · Der Taschenbuch-Verlag

GOLDMANN

Aus der Schule des Positiven Denkens

Erhard F. Freitag/Gudrun Freitag,
Sag ja zu deinem Leben   12208

Erhard F. Freitag,
Kraftzentrale Unterbewußtsein   11740

Dr. Joseph Murphy, Die Praxis des
Positiven Denkens   11939

Norman Vincent Peale,
Positiv in den Tag   12091

Goldmann · Der Taschenbuch-Verlag

GOLDMANN

Lynn Andrews

Der Flug des siebten Mondes 11839

Aufbruch in ein neues Leben 12233

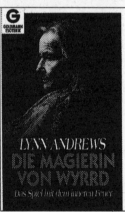

Die Magierin von Wyrrd 12148

Die Sternenfrau 12161

Goldmann · Der Taschenbuch-Verlag

GOLDMANN

Vom magischen Umgang mit Geld

Bete und werde reich — 11881

Die dynamischen Gesetze
des Reichtums — 11879

Der Geist in der Münze — 11820

Kreativ Reichtum schaffen — 12190

Goldmann · Der Taschenbuch-Verlag

GOLDMANN

Der weibliche Weg

Zsuzsanna E. Budapest,
Die Göttin im Büro   12238

Rokelle Lerner,
Erwecke dein Inneres Kind   12215

Chris Griscom,
Der weibliche Weg   12219

William G. Gray,
Magie   12221

Goldmann · Der Taschenbuch-Verlag

GOLDMANN

Esoterik-Paperbacks bei Goldmann

Klausbernd Vollmar,
Das Enneagramm   12198

Strephon Kaplan-Williams,
Traum-Arbeit   12205

Kala u. Ketz Pajeon,
Talismann-Magie   12224

Zsuzsanna E. Budapest,
Mond-Magie   12200

Goldmann · Der Taschenbuch-Verlag

GOLDMANN

Ganzheitlich Heilen

I. S. Kraaz/W. v. Rohr,
Die richtige Schwingung heilt   13788

I. S. Kraaz,
Die Farben deiner Seele   13767

Lea Sanders,
Die Farben Deiner Aura   13792

Jeremiah u. Catherine Weser,
Deine Augen: Das Tor zur Seele   13765

Goldmann · Der Taschenbuch-Verlag

GOLDMANN

Ganzheitlich Heilen – Die Kraft des Atems

Ina Odira Koosaka,
Das ganzheitliche Atembuch   13764

Marietta Till,
Die Heilkraft des Atems   13795

Hiltrud Lodes,
Atme richtig   13798

Helmut G. Sieczka, Chakra – Energie
und Harmonie durch den Atem   13806

Goldmann · Der Taschenbuch-Verlag

GOLDMANN TASCHENBÜCHER

Das Goldmann Gesamtverzeichnis erhalten Sie im Buchhandel oder direkt beim Verlag.

Literatur · Unterhaltung · Thriller · Frauen heute
Lesetip · FrauenLeben · Filmbücher · Horror
Pop-Biographien · Lesebücher · Krimi · True Life
Piccolo Young Collection · Schicksale · Fantasy
Science-Fiction · Abenteuer · Spielebücher
Bestseller in Großschrift · Cartoon · Werkausgaben
Klassiker mit Erläuterungen

* * * * * * * * * *

Sachbücher und Ratgeber:
Gesellschaft / Politik / Zeitgeschichte
Natur, Wissenschaft und Umwelt
Kirche und Gesellschaft · Psychologie und Lebenshilfe
Recht / Beruf / Geld · Hobby / Freizeit
Gesundheit / Schönheit / Ernährung
Brigitte bei Goldmann · Sexualität und Partnerschaft
Ganzheitlich Heilen · Spiritualität · Esoterik

* * * * * * * * * *

Ein SIEDLER-BUCH bei Goldmann
Magisch Reisen
ErlebnisReisen
Handbücher und Nachschlagewerke

Goldmann Verlag · Neumarkter Str. 18 · 81664 München

Bitte senden Sie mir das neue kostenlose Gesamtverzeichnis

Name: _____

Straße: _____

PLZ / Ort: _____